金波四季童话

注音美

春天

花瓣儿鱼

金波　著

中国福利会出版社

目录

guài shǒu zhàng
怪手杖 /1

lǎo guā zhěn tou
老鸹枕头 /5

zhú guāng li de dié wěi yú
烛光里的蝶尾鱼 /12

fēng zheng niǎo
风筝鸟 /17

gēn niǎo
根鸟 /24

xiāng xiāng niǎo
香香鸟 /34

bái dīng xiāng zǐ dīng xiāng
白丁香 紫丁香 /38

xióng nǎi nai de shēng rì
熊奶奶的生日 /42

bái wū yā
白乌鸦 /49

yù jīn xiāng hé lán hú dié
郁金香和蓝蝴蝶 /57

yǔ rén
雨人 /62

lóng fēng zhēng
龙风筝 /74

wū dǐng shang de xiǎo shù
屋顶上的小树 /80

sān piàn xiǎo huā bàn er
三片小花瓣儿 /83

yān zhi hú pàn de nuǎn shí
胭脂湖畔的暖石 /87

hóng qì qiú
红气球 /97

chuāng wài piāo jìn yì duǒ yún
窗外飘进一朵云 /102

huā bàn er yú
花瓣儿鱼 /108

mù yú shēng shēng
木鱼声声 /112

guài shǒu zhàng
怪手杖

lǎo yé ye hěn lǎo le ma
老爷爷很老了吗？

nǐ zhǐ yào kàn kan zhè mǎn shān de shù jiù zhī dào le
你只要看看这满山的树就知道了。

tīng shuō cóng qián zhè shì yí zuò tū shān yì kē shù dōu
听说，从前这是一座秃山，一棵树都
méi yǒu lǎo yé ye hái shi yí gè xiǎo wá wa de shí hou
没有。老爷爷还是一个小娃娃的时候，
jiù zài shān shang zhòng xià le dì yī kē shù
就在山上种下了第一棵树。

dì yī kē shù jīn nián dōu jiǔ shí duō suì le kě
第一棵树今年都九十多岁了。可
shì shù zài lǎo yě bǐ lǎo yé ye xiǎo wa lǎo yé ye jīn
是，树再老，也比老爷爷小哇，老爷爷今
nián kuài yī bǎi suì le
年快一百岁了。

shān shang de shù yǒu de qī shí duō suì yǒu de
山上的树，有的七十多岁，有的
liù shí duō suì yǒu de wǔ shí duō suì hái yǒu de gāng
六十多岁，有的五十多岁……还有的刚
gāng yí suì shì shù wá wa bǐ wǒ hái xiǎo ne
刚一岁，是树娃娃，比我还小呢！

mǎn shān de shù dōu ài lǎo yé ye zhǐ yào tā yí shàng
满山的树都爱老爷爷。只要他一上
shān shù yè jiù gǔ zhǎng huā bàn er jiù tiào wǔ shān què jiù
山，树叶就鼓掌，花瓣儿就跳舞，山雀就

唱歌。

老爷爷也爱他的树，一天不上山，就吃不下饭，睡不着觉。

这一天，老爷爷过完一百岁生日，人们再也不让他上山种树了。都说，您该在家养老了。

老爷爷说：“我的腿很有劲，还能爬山；我的手很有劲，还能种树。”

可是，人们还是不让他上山，他都一百岁了呀！

他偏要上山，谁劝也没用。

没办法，人们就送给他一根手杖，让他一路拄着上山；还不放心，又派我扶着。

其实，他的腿真的很有劲，上山跟走平地一样，那根手杖老是忘了拄。

wǒ gēn lǎo yé ye shuō nín zěn me lǎo shì wàng le
我跟老爷爷说：“您怎么老是忘了
zhǔ shǒu zhàng a zhè kě shì dà huǒ er de yí piàn xīn yì
拄手杖啊？这可是大伙儿的一片心意
a
啊！”

lǎo yé ye xiào zhe shuō duì duì jiù zhǔ zhe
老爷爷笑着说：“对，对。”就拄着
shǒu zhàng wǎng shān shang zǒu
手杖往山上走。

zhēn qí guài wǒ fā xiàn tā de shǒu zhàng diǎn yí xià
真奇怪，我发现他的手杖点一下
dì shǒu zhàng shang jiù zhǎng chū yì kē lǜ yá dāng wǒ men
地，手杖上就长出一颗绿芽，当我们

zǒu shàng shān dǐng de shí hou shǒu zhàng shang yǐ jīng zhǎng mǎn lǜ
走上山顶的时候，手杖上已经长满绿
yè le
叶了。

lǎo yé ye zhēn gāo xìng duì shǒu zhàng shuō qǐ huà lái
老爷爷真高兴，对手杖说起话来：
nǐ zhī dào wǒ zuì ài zhòng shù nǐ yě xiǎng biàn chéng yì kē
“你知道我最爱种树，你也想变成一棵
xiǎo shù duì bú duì
小树，对不对？”

shǒu zhàng tīng le tiào yi tiào xiàng gè gāo xìng de hái
手杖听了，跳一跳，像个高兴的孩
zi wǒ yě jīng qí de zhēng dà le yǎn jing
子。我也惊奇地睁大了眼睛。

lǎo yé ye bǎ tā de shǒu zhàng chā zài le shān dǐng shang
老爷爷把他的手杖插在了山顶上，
zhuǎn yǎn gōng fu yòu zhǎng chū le hǎo duō hǎo duō xīn yè zi
转眼工夫，又长出了好多好多新叶子，
lǜ yóu yóu de liàng guāng guāng de tā shì yì kē zhēn zhèng
绿油油的，亮光光的，它是一棵真正
de xiǎo shù le
的小树了。

wǒ hé lǎo yé ye xià shān le rén men dōu hěn qí
我和老爷爷下山了。人们都很奇
guài tā zěn me méi zhǔ zhe tā nà gēn shǒu zhàng a
怪，他怎么没拄着他那根手杖啊？

lǎo yé ye yáng yang shǒu zhǐ le zhǐ shān dǐng wǒ bǎ
老爷爷扬扬手，指了指山顶：“我把
tā liú zài shān shang le
它留在山上了。”

wǒ ne shén mì de xiào le xiào shén me yě méi shuō
我呢，神秘地笑了笑，什么也没说。

lǎo guā zhěn tou
老鸹枕头

xiǎo shí hou wǒ jiā jiù zhù zài lǎo hé tān běi biān de
小时候，我家就住在老河滩北边的
yí zuò xiǎo zhèn shang
一座小镇上。

xiǎo zhèn yǐ shān ér jiàn shàng shàng xià xià de fáng wū
小镇倚山而建，上上下下的房屋，
yuǎn kàn jiù xiàng yì céng céng lóu
远看就像一层层楼。

wǒ jì de zuì ràng wǒ gāo xìng de shì jiù shì wài zǔ
我记得最让我高兴的事，就是外祖
mǔ lǐng zhe wǒ qù hé tān shang jiǎn lǎo gua zhěn tou
母领着我去河滩上捡“老鸹枕头”。

lǎo gua jiù shì wū yā lǎo gua zhěn tou qí
“老鸹”就是乌鸦。“老鸹枕头”其
shí shì yì zhǒng xiǎo shí tou yǒu liǎng cùn lái cháng yuán zhù xíng
实是一种小石头，有两寸来长，圆柱形
de hěn guāng huá
的，很光滑。

wèi shén me bǎ tā jiào lǎo gua zhěn tou lǎo gua
为什么把它叫“老鸹枕头”？老鸹
yě shuì jiào ma wǒ bù zhǐ yí cì de wèn guo wài zǔ mǔ
也睡觉吗？我不止一次地问过外祖母。

tā yě bú yàn qí fán de gào su wǒ rén yào shuì
她也不厌其烦地告诉我：“人要睡
jiào lǎo gua yě yào shuì jiào rén shuì jiào yào zhěn zhěn tou
觉，老鸹也要睡觉。人睡觉，要枕枕头，

lǎo gua shuì jiào yě yào zhěn zhěn tou wa
老鸹睡觉，也要枕枕头哇！”

cóng cǐ wǒ xiāng xìn wài zǔ mǔ de huà měi cì lái
从此，我相信外祖母的话，每次来
dào hé tān shang dōu hěn rèn zhēn de jiǎn lǎo gua zhěn tou
到河滩上，都很认真地捡“老鸹枕头”，
měi cì dōu jiǎn huí mǎn mǎn de liǎng kǒu dai
每次都捡回满满的两口袋。

huí dào jiā lái mā ma jiàn le jiù yào mà yí dùn
回到家来，妈妈见了，就要骂一顿，
yīn wèi wǒ bǎ kǒu dai zhuì chū le dà kū long wài zǔ mǔ bù
因为我把口袋坠出了大窟窿。外祖母不
shuō wǒ zǒng shì xiào mī mī de dài shàng lǎo huā jìng gěi wǒ
说我，总是笑眯眯地戴上老花镜，给我
féng kǒu dai
缝口袋。

lǎo gua zhěn tou yuè jiǎn yuè duō wǒ jiù xiǎng zěn
“老鸹枕头”越捡越多，我就想，怎
yàng sòng gěi lǎo gua qù zhěn ne
样送给老鸹去枕呢？

wài zǔ mǔ shuō tiān bàng hēi de shí hou nǐ bǎ
外祖母说：“天傍黑的时候，你把
lǎo gua zhěn tou qiāo qiāo de fàng zài wū wài chuāng tái shang
‘老鸹枕头’悄悄地放在屋外窗台上，
děng tiān hēi le lǎo gua jiù lái diāo le
等天黑了，老鸹就来叼了。”

wǒ zuì xiāng xìn tā de huà jiù zài wǎn xiá mǎn tiān de
我最相信她的话，就在晚霞满天的
shí hou bǎ lǎo gua zhěn tou zhěng zhěng qí qí de mǎ zài
时候，把“老鸹枕头”整整齐齐地码在
chuāng tái shang
窗台上。

dào le wǎn shang wǒ bù xiǎng shuì jiào děng zhe lǎo gua
到了晚上，我不想睡觉，等着老鸹

lái diāo tā men de zhěn tou
来叼它们的枕头。

wài zǔ mǔ shuō kuài shuì jiào yào shi lǎo gua zhī dào
外祖母说："快睡觉。要是老鸹知道

nǐ tōu tōu de kàn zhe tā men tā men jiù bù gǎn lái le
你偷偷地看着它们，它们就不敢来了。"

wǒ zhǐ hǎo bì shàng yǎn jing pàn zhe gǎn jǐn shuì zháo
我只好闭上眼睛，盼着赶紧睡着。

dì èr tiān tiān gāng liàng wǒ jiù pá qǐ lái wǎng yuàn
第二天，天刚亮，我就爬起来，往院

li pǎo shǔ yi shǔ chuang tái shang de lǎo gua zhěn tou
里跑。数一数，窗台上的"老鸹枕头"

yí gè yě méi shǎo hái shi zhěng zhěng qí qí de zài yuán dì mǎ
一个也没少，还是整整齐齐地在原地码
zhe
着。

wǒ hěn shī wàng wǒ rèn wéi shì lǎo gua méi yǒu fā xiàn
我很失望。我认为是老鸹没有发现
wǒ gěi tā men zhǔn bèi de zhè xiē xiǎo zhěn tou
我给它们准备的这些小枕头。

wèi le néng ràng tā men zhěn shàng zhè xiē xiǎo zhěn tou wǒ
为了能让它们枕上这些小枕头，我
yào bǎ xiǎo zhěn tou sòng dào lǎo gua wō li qù
要把小枕头送到老鸹窝里去。

wǒ hái xuǎn zé le lín jū yuàn li de yì kē dà huái
我还选择了邻居院里的一棵大槐
shù nà shù shang yǒu gè hěn dà hěn dà de lǎo gua wō
树，那树上有个很大很大的老鸹窝。

wǒ zhěng tiān chǎo chǎo rǎng rǎng zhe yào pá shù
我整天吵吵嚷嚷着要爬树。

wài zǔ mǔ hěn hài pà wǒ pá shù huì shuāi xià lái jiù
外祖母很害怕我爬树会摔下来，就
hǒng wǒ shuō bié zháo jí chū bù liǎo sān tiān lǎo gua jiù
哄我说：“别着急，出不了三天，老鸹就
huì lái diāo xiǎo zhěn tou
会来叼小枕头。”

yú shì wǒ yòu zài huáng hūn shí hou bǎ nà xiē xiǎo
于是，我又在黄昏时候，把那些小
zhěn tou mǎ zài chuāng tái shang
枕头码在窗台上。

wǒ xiàn zài zài yě ān bú xià xīn lái hǎo hǎo shuì jiào
我现在再也安不下心来好好睡觉
le wǒ shù zhe ěr duo tīng chuāng wài de dòng jing
了。我竖着耳朵听窗外的动静。

fēng chuī shù yè huā lā lā de xiǎng zhe　ǒu ěr hái chuán
风吹树叶哗啦啦地响着。偶尔还传
lái yì liǎng shēng ā　ā de jiào shēng
来一两声“啊、啊”的叫声。

wǒ gēn wài zǔ mǔ shuō　tīng　lǎo gua lái diāo xiǎo zhěn
我跟外祖母说：“听，老鸹来叼小枕
tou le
头了！”

wài zǔ mǔ diǎn dian tóu　tā dà qì yě bù gǎn chū yì
外祖母点点头。她大气也不敢出一
shēng　tā xiàn zài hé wǒ yí yàng　yě pàn wàng zhe lǎo gua lái
声。她现在和我一样，也盼望着老鸹来
diāo xiǎo zhěn tou le
叼小枕头了。

kě shì　yòu shì yì lián sān tiān　mǎ zài chuāng wài de
可是，又是一连三天，码在窗外的
xiǎo zhěn tou hái shi yí gè méi shǎo　wǒ pū sù sù de diào yǎn
小枕头还是一个没少。我扑簌簌地掉眼
lèi le
泪了。

wài zǔ mǔ shuō　bié jí　bié jí　lǎo gua hái bù
外祖母说：“别急、别急。老鸹还不
zhī dào zán men gěi tā men zhǔn bèi le xiǎo zhěn tou ne　zán men
知道咱们给它们准备了小枕头呢，咱们
yīng dāng gào su tā men yì shēng
应当告诉它们一声。”

zěn me gào su tā men ne　wǒ wèn
“怎么告诉它们呢？”我问。

děng tā men cóng zán men wū dǐng shang fēi guò de shí
“等它们从咱们屋顶上飞过的时
hou　nǐ jiù gěi tā men chàng zhè shǒu gē
候，你就给它们唱这首歌。”

yú shì tā kāi shǐ jiāo wǒ chàng qǐ lái
于是，她开始教我唱起来：

lǎo gua lǎo gua luò luo
老鸹老鸹落落，
zhěn tou zhěn tou bǎi hǎo
枕头枕头摆好，
qǐng nǐ diāo yí gè
请你叼一个，
huí jiā hǎo shuì jiào
回家好睡觉。

每天黄昏，当老鸹从我家屋顶飞过的时候，我们就拍着手一遍一遍地唱着那首儿歌。

第二天，天刚蒙蒙亮，外祖母就把我推醒了，她催促我快起床，让我去看看“老鸹枕头”少了没有。

说来真奇怪，放在窗台上的“老鸹枕头”真的少了一个！

外祖母看着我笑，全家人看着她笑。

后来，我长大了，我知道了“老鸹枕头”是外祖母和我一起玩的游戏。那游戏就像一出有趣的童话剧，而我和外祖母都是重要的角色。

即使到了今天，每当我捡到一颗光滑的小石头，我还会饶有兴致地告诉别人：“你看，这是‘老鸹枕头’。”

zhú guāng li de dié wěi yú
烛光里的蝶尾鱼

dié wěi zhè shì yì tiáo jīn yú de míng zi
蝶尾，这是一条金鱼的名字。

tā zài wǒ jiā de yú gāng li shēng huó sān nián le wǒ de xiǎo nǚ ér cháng cháng gào su bié rén tā hé dié wěi shì hǎo péng you
它在我家的鱼缸里生活三年了，我的小女儿常常告诉别人，她和蝶尾是好朋友。

dié wěi shì yì tiáo měi lì de yú měi dāng tā zài shuǐ cǎo jiān yóu lái yóu qù de shí hou tā nà xì cháng róu ruǎn de qí wěi jiù xiàng sī chóu piāo dài yóu dàng zài shuǐ zhōng
蝶尾是一条美丽的鱼，每当它在水草间游来游去的时候，它那细长柔软的鳍尾，就像丝绸飘带游荡在水中。

rén men cháng shuō hú dié shì tiān shàng huì fēi de huā duǒ
人们常说，蝴蝶是天上会飞的花朵。

wǒ yě cháng shuō jīn yú shì shuǐ li huì yóu de huā duǒ
我也常说，金鱼是水里会游的花朵。

dié wěi zǒng shì dài lǐng zhe qí yú de jǐ tiáo xiǎo yú zài shuǐ li yóu lái yóu qù
蝶尾总是带领着其余的几条小鱼，在水里游来游去。

每天清晨，它们见我和女儿走到鱼缸前，就游近我们，吐出一串串气泡。当我们把鱼虫撒进水中，它们就呷呷地吃起来。

这一天清晨，女儿起床后，照例先给金鱼喂食。她发现蝶尾伏在水底，不再游动，它不像往日那样，浮上水面抢着吃食。

我知道，这是蝶尾生病了。

我看见所有的金鱼都围着它游来游去，用它们漂亮的尾巴拨动着水花儿。然而，蝶尾仍一动不动地伏在水底。

“它们在照顾生病的朋友。”女儿向我解释着。

快到中午时，它又浮上来，横漂在水面上，大口大口地喘着气。

那些鱼都围在它身边，好像在听它叮嘱着什么。我们还看见，有一条小金鱼在流泪。

“你哭什么？难道蝶尾……”女儿问它。

“是的，它真的快死了。天黑以后，

如果看不到月光，它就会死去。”小金鱼说。

女儿听了，急得直哭。

我可不愿意女儿今天哭，因为今天是她的生日。

我安慰她说：“别着急，今天是十五，会有一轮圆圆的月亮的。”

那一天，当太阳快下山的时候，忽然乌云遮住了天空，又下起了毛毛细雨。

月亮一直没有出来。

天像墨染的一样黑。怎么办？难道让蝶尾鱼在黑夜里死去？

在夜色中，我依稀看到蝶尾鱼在做最后的挣扎。

我心急如焚。我要设法救它。但是，用什么办法呢？

zhè shí hou nǚ ér de shēng rì wǎn cān kāi shǐ le
这时候，女儿的生日晚餐开始了，
mā ma wèi tā diǎn liàng le shēng rì là zhú
妈妈为她点亮了生日蜡烛。

wǒ hé wǒ de jīn yú yì qǐ guò shēng rì nǚ ér
“我和我的金鱼一起过生日。”女儿
yāo qiú zhe wǒ men dāng rán tóng yì
要求着。我们当然同意。

nǚ ér bǎ diǎn rán zhe là zhú de shēng rì dàn gāo pěng dào
女儿把点燃着蜡烛的生日蛋糕捧到
yú gāng qián miàn
鱼缸前面。

yú er gǎn shòu dào le zhú guāng kāi shǐ huó yuè qǐ lái
鱼儿感受到了烛光，开始活跃起来，
dié wěi yě yǎng qǐ le tóu kāi shǐ màn màn yóu dòng
蝶尾也仰起了头，开始慢慢游动。

wǒ men quán jiā jù zài yú gāng zhōu wéi xīn shǎng zhe nà
我们全家聚在鱼缸周围，欣赏着那
yì tiáo tiáo pī zhe zhú guāng de yú tā men cóng lái méi yǒu zhè
一条条披着烛光的鱼，它们从来没有这
me piào liang guò
么漂亮过。

dié wěi réng shì yì tiáo zuì měi lì de yú
蝶尾，仍是一条最美丽的鱼。

zhú guāng yáo yè yú yǐng fú dòng wǒ men xīn shǎng zhe
烛光摇曳，鱼影浮动，我们欣赏着
zhè shén qí de jǐng xiàng hǎo xiàng zǒu jìn le shuǐ jīng gōng
这神奇的景象，好像走进了水晶宫。

nǚ ér jīn tiān gé wài gāo xìng yīn wèi tā shēng rì de
女儿今天格外高兴，因为她生日的
zhú guāng zhào liàng le dié wěi zhǎn xīn de shēng mìng
烛光，照亮了蝶尾崭新的生命。

fēng zheng niǎo
风筝鸟

zhè shí zài shì yí jiàn zuì zhēn guì de lǐ wù xiǎo xué
这实在是一件最珍贵的礼物，小学
sān nián jí xué shēng diǎn dian sòng gěi wǒ yì zhī tā qīn shǒu zhì zuò
三年级学生点点送给我一只他亲手制作
de fēng zheng
的风筝。

tā hěn nèi háng de gào su wǒ tā shì gēn yé ye xué
他很内行地告诉我，他是跟爷爷学
de zhè zhī fēng zheng jiào hóng guō dǐ shì hóng sè yàn zi
的，这只风筝叫“红锅底”，是红色燕子
de zào xíng
的造型。

yīn wèi tā zhì zuò de jīng zhì měi lì wǒ jiù bǎ tā
因为它制作得精致美丽，我就把它
gāo gāo de guà zài kè tīng de qiáng shang xiàng gōng yì pǐn nà yàng
高高地挂在客厅的墙上，像工艺品那样
gōng rén xīn shǎng
供人欣赏。

dōng tiān de shí hou wài miàn guā zhe fēng piāo zhe xuě
冬天的时候，外面刮着风，飘着雪
huā tiān qì zhēn lěng chú le má què jī hū kàn bú jiàn bié
花。天气真冷，除了麻雀，几乎看不见别
de niǎo er fēi
的鸟儿飞。

chuāng zi jǐn jǐn guān bì zhe méi yǒu fēng er chuī jìn
窗子紧紧关闭着，没有风儿吹进

lái fēng zheng hěn ān jìng de guà zài kè tīng de qiáng shang
来。风筝很安静地挂在客厅的墙上。

chūn tiān lái le fáng yán shang de jī xuě róng huà le
春天来了，房檐上的积雪融化了，
dīng dīng dōng dōng de xiǎng zhe
叮叮咚咚地响着。

bù jiǔ yàn zi yòu huí lái le réng zhù zài wǒ jiā wū
不久，燕子又回来了，仍住在我家屋
yán xià
檐下。

yàn zi kàn jiàn wǒ jiā qiáng shang duō le yì zhī fēng zheng
燕子看见我家墙上多了一只风筝，
hěn jīng qí de yàng zi tā shí cháng zhàn zài chuāng líng shang
很惊奇的样子。它时常站在窗棂上，
xiàng wū li zhāng wàng
向屋里张望。

zhōng yú yǒu yì tiān yàn zi xiàng fēng zheng shuō huà le
终于有一天，燕子向风筝说话了：
kě xī nǐ bái zhǎng le yí fù kuān dà de chì bǎng cóng méi
“可惜你白长了一副宽大的翅膀，从没
fēi guò
飞过。”

wǒ yě néng fēi ma fēng zheng hěn jīng qí de wèn
“我也能飞吗？”风筝很惊奇地问，
wǒ cóng lái jiù shì guà zài qiáng shang gōng rén guān shǎng de
“我从来就是挂在墙上供人观赏的
ya
呀！”

yàn zi bú yuàn zài shuō shén me zī zī jiào le liǎng
燕子不愿再说什么，吱吱叫了两
shēng jiù zhǎn chì fēi xiàng lán tiān
声，就展翅飞向蓝天。

透过玻璃窗，风筝看见燕子在蓝天里飞翔，一会儿翻飞，一会儿滑翔，姿势非常优美，让风筝好羡慕。

风筝开始想试飞。

春风阵阵，从推开的窗子往屋里吹。墙上的风筝在春风的吹拂下，扇动着翅膀。

它抖落一冬的灰尘，感到全身轻松了很多。

在一个春光明媚的早晨，我听见风筝说：“我想飞！”

我没想到它这么直接地提出要求。

“你是供人观赏的工艺品哪！”我说。

“我是风筝，我有翅膀，我应当飞，就像燕子那样。”

zhè shí hou wǒ fā xiàn yàn zi zǎo yǐ zhàn zài wū yán
这时候，我发现燕子早已站在屋檐
xià xiàng wū li zhāng wàng
下，向屋里张望。

wǒ bú yuàn yì fēng zheng qù fēi xiáng wǒ shuō nǐ
我不愿意风筝去飞翔。我说：“你
cóng méi fēi guò wǒ pà nǐ zhé duàn le chì bǎng
从没飞过，我怕你折断了翅膀。”

nǐ bú dài wǒ qù fēi wǒ zì jǐ fēi tā jū
“你不带我去飞，我自己飞。”它居
rán zhè yàng yāo qiú
然这样要求。

wǒ méi shí jiān dài nǐ qù fēi ya wǒ zhè yàng táng
“我没时间带你去飞呀！”我这样搪
sè tā
塞它。

fēng zheng chén mò le wǒ xiǎng tā zhǐ hǎo fàng qì fēi
风筝沉默了。我想，它只好放弃飞
xiáng le
翔了。

yǒu yì tiān zǎo chen tiān qì tè bié hǎo tiān kōng zhàn
有一天早晨，天气特别好，天空湛
lán yáng guāng càn làn wǒ tuī kāi chuāng zi gǎn shòu zhe wēn
蓝，阳光灿烂。我推开窗子，感受着温
nuǎn de chūn fēng xīn shǎng zhe wàn lǐ qíng kōng
暖的春风，欣赏着万里晴空。

wǒ kàn jiàn yàn zi zài lán tiān li fēi lái fēi qù hǎo
我看见燕子在蓝天里飞来飞去，好
xiàng zài zuò fēi xiáng biǎo yǎn wǒ jiā qiáng shang de fēng zheng kàn
像在做飞翔表演。我家墙上的风筝看
jiàn le kāi shǐ shān dòng qǐ chì bǎng hū rán tā zhèng tuō
见了，开始扇动起翅膀。忽然，它挣脱

le shuān zài qiáng shang de shéng suǒ cóng chuāng kǒu fēi le chū
了拴在墙上的绳索，从窗口飞了出
qù
去。

wǒ hái méi lái de jí zǔ dǎng tā tā yǐ fēi xiàng lán
我还没来得及阻挡它，它已飞向蓝
tiān
天。

zhǐ jiàn yàn zi zài qián miàn lǐng lù fēng zheng zài hòu miàn
只见燕子在前面领路，风筝在后面
gēn zhe yì jǔ yí dòng xué zhe yàn zi fēi xiáng de zī shì
跟着，一举一动，学着燕子飞翔的姿势。

wǒ xiān shì shēng qì shēng qì tā bù tīng wǒ de quàn
我先是生气，生气它不听我的劝

阻，继而是惊奇，没有线牵引着，它竟能飞得这么高！

渐渐地，我欣赏起来，它飞翔的姿势美极了。它在燕子、雄鹰和许许多多风筝之间穿来穿去。

最让我惊奇的是，天上那么多风筝都挣脱了拴着它们的线，跟随着我那只“红锅底”风筝，在天上自由自在地飞翔着。

让我格外高兴的是，它飞了一会儿，又自动地飞回来，飞进窗口，挂在墙上歇息着。

从此，我每天清晨都推开窗子，放飞我的风筝。我很放心，我知道，天黑之前，它会回家。

它已成为一只风筝鸟。

根鸟

我走进那片树林。

这里原先站立着一棵棵挺拔的大树。现在这些树被伐掉了。许多被伐倒的树，陆陆续续地运下了山。

我望着这里一片狼藉，很难过，就像跟童年时代最要好的朋友忽然永别了似的。

那些树根也被刨了出来，横躺竖卧地散落在荒地上。

我在树根间走来走去。我想用这残留的树根雕件什么，用来纪念这片被砍伐的树林。

想到这里，我心里似乎好受了些。

我开始仔细观察每一棵树根，想发现它们适合雕成什么艺术品。

我发现了一棵盘根错节的树根，它也许很适合雕成一条飞腾的龙。

我发现了一棵饱满肥厚的树根，看见它，就让我联想到憨态可掬的小熊。

我觉得每一棵树根，都可以被雕成这林中的飞禽走兽。它们似乎和这些树心心相印，这些树也深深地记得它们。于是，这些树根就有了它们的形状。

我正在这样想的时候，忽然发现一棵树根，它就像展翅欲飞的小鸟。

我停在这树根的跟前，仔细端详着。在我的凝视里，我觉得它似乎有了生命。我发现它有一双明亮的眼睛，眼睛里闪着泪花。我还发现它的翅膀在扇动。

当然，这只是我凝视中的幻觉。此刻，它仍然是被丢弃在荒地上的树根。

但是，我已经看到我将要雕出的鸟儿的雏形了。

我决定把这棵树根带回家。当天我就开始了我的树根雕刻。我要雕一只鸟，用来纪念这片被砍伐的树林。

我花了整整三天的时间，终于雕出来了，那是一只谁也没见过的鸟。

奇怪的是，它刚刚被雕出来，翅膀就会扇动，还会引颈鸣啼。

第二天，就更奇怪了，我发现我雕出的这只鸟，满身长出了碧绿的叶子。这些叶子排列得整整齐齐，就像鸟身上的羽毛。在阳光的照射下，闪着五颜六

色的光。

我从没见过这样的叶子，也没见过这样的羽毛，当然，我也从没见过这样的鸟。

我把我雕出来的这只鸟，叫作“根鸟”。

从此，远远近近都知道我有一只根雕的小鸟了。

最先来探访我的，是一位根雕爱好者。他向我请教，在选择树根材料方面有什么诀窍。

我无法回答，我真的不知道。

第二个来探访我的，是一位报社记者。他让我谈谈在根雕艺术的构思方面有什么心得。

我更无法回答，因为与其说是我把

shù gēn diāo chéng le niǎo hái bù rú shuō shì shù gēn zì jǐ biàn
树根雕成了鸟，还不如说是树根自己变
chéng le yì zhī niǎo
成了一只鸟。

dì sān gè lái tàn fǎng wǒ de shì yí wèi yì shù pǐn
第三个来探访我的，是一位艺术品
shōu cáng jiā tā yuàn chū gāo jià shōu gòu wǒ de gēn niǎo
收藏家。他愿出高价收购我的根鸟。

wǒ yì kǒu huí jué le yīn wèi wǒ yǐ jīng hé wǒ de
我一口回绝了，因为我已经和我的
gēn niǎo yǒu le gǎn qíng wǒ bú huì mài diào tā
根鸟有了感情。我不会卖掉它。

cóng nà yǐ hòu měi tiān zǎo chen tiān yí liàng wǒ jiù
从那以后，每天早晨，天一亮，我就
bǎ chuāng zi dǎ kāi ràng wǒ de gēn niǎo zì yóu zì zài de fēi
把窗子打开，让我的根鸟自由自在地飞
chū fēi jìn gēn niǎo kuài lè wǒ yě kuài lè
出飞进。根鸟快乐，我也快乐。

hòu lái wǒ de chuāng zi yǒng yuǎn chǎng kāi zhe chuī fú
后来，我的窗子永远敞开着，吹拂
zhe zì yóu de fēng er fēi xiáng zhe zì yóu de niǎo er niǎo
着自由的风儿，飞翔着自由的鸟儿。鸟
er de yǔ máo gèng fēng mǎn le
儿的羽毛更丰满了。

zhè yì tiān wǒ de gēn niǎo fēi chū qù yǐ hòu hěn jiǔ
这一天，我的根鸟飞出去以后，很久
hěn jiǔ yě bú jiàn tā fēi huí lái wǒ hěn jiāo jí dān xīn
很久也不见它飞回来。我很焦急，担心
tā bèi liè shā
它被猎杀。

wǒ dào chù qù xún tā kě nǎ lǐ yě bú jiàn tā de
我到处去寻它。可哪里也不见它的

zōng yǐng wǒ yù liào tā bú huì zài huí lái le
踪影。我预料它不会再回来了。

wǒ hěn shāng xīn wǒ xiǎng yí gè rén qù nà piàn bèi kǎn fá de lín zhōng kòng dì shang zuò yi zuò ràng wǒ jìng jìng de xiǎng yi xiǎng
我很伤心。我想一个人去那片被砍伐的林中空地上坐一坐，让我静静地想一想。

zhè lǐ shì wǒ de gēn niǎo de dàn shēng dì wǒ zuò zài sǎn luàn de shù dūn shang wǒ zài ān wèi zì jǐ gēn niǎo fēi zǒu le tā huò dé le zì yóu tā huì shēng huó de gèng hǎo
这里是我的根鸟的诞生地。我坐在散乱的树墩上，我在安慰自己：根鸟飞走了，它获得了自由，它会生活得更好。

我这么一想，感到欣慰多了。我不再那么悲伤。我打起精神，在这片荒芜的空地上走来走去，就像旧地重游。

当我走到一个树坑旁边，我想起，我就是在这里得到一棵树根，雕成我那只根鸟的。

忽然，在这里，我发现长出了一片小树，每棵小树只有一片叶子。在阳光照射下，那一片片叶子闪着五颜六色的光，就像我那只根鸟身上的羽毛。

那天，我回到家里，虽然因为丢失了根鸟，心里感到空落落的，但一想到那些小树，心里又增加了一些欣喜。

这些小树是谁种的？那叶子为什么那么像根鸟的羽毛？

那一夜，我久久不能入睡，是为丢失

le gēn niǎo ér wǎn xī yě shì wèi lín zhōng kòng dì shang zhǎng
了根鸟而惋惜，也是为林中空地上长
chū le xiǎo shù gǎn dào qí guài
出了小树感到奇怪。

tiān kuài liàng de shí hou wǒ hū rán tīng jiàn chuāng wài yǒu
天快亮的时候，我忽然听见窗外有
jī ji zhā zhā de jiào shēng wǒ bǐng zhù hū xī zǐ xì
“叽叽喳喳”的叫声。我屏住呼吸，仔细
de tīng ā shì wǒ de gēn niǎo huí lái le
地听——啊，是我的根鸟回来了！

wǒ tuī kāi chuāng zi guǒ rán shì tā zhǐ shì tā shēn
我推开窗子，果然是它！只是它身
shang de yǔ máo shǎo le xǔ duō bān bān bó bó líng líng luàn
上的羽毛少了许多，斑斑驳驳，零零乱
luàn tā xiǎn de hěn pí bèi
乱。它显得很疲惫。

wǒ bǎ tā yíng jìn wū li gěi tā duān lái mǐ lì hé
我把它迎进屋里，给它端来米粒和
qīng shuǐ tā zhuó shí le yí huì er yòu hē le jǐ kǒu shuǐ
清水。它啄食了一会儿，又喝了几口水。
zhè cì wǒ kàn de qīng qīng chǔ chǔ tā luò zài wǒ jiā chuāng
这次，我看得清清楚楚，它落在我家窗
wài de yí piàn huāng dì shang tā zhuó xià zì jǐ shēn shang de
外的一片荒地上。它啄下自己身上的
yì gēn yǔ máo zāi zhòng zài tǔ li yòu zhuó xià yì gēn yòu
一根羽毛，栽种在土里；又啄下一根，又
zāi zhòng zài tǔ li wǒ shǔ le shǔ tā yí gòng zāi xià le
栽种在土里。我数了数，它一共栽下了
shí gēn
十根。

wǒ fā xiàn tā jī hū zhuó guāng le zì jǐ shēn shang de
我发现，它几乎啄光了自己身上的

yǔ máo
羽毛。

tā kàn le wǒ yì yǎn qīng qīng shān dòng le yí xià chì
它看了我一眼，轻轻扇动了一下翅
bǎng fēi zǒu le cóng cǐ zài yě méi yǒu huí lái
膀，飞走了。从此，再也没有回来。

xiàn zài wǒ jiā chuāng wài yě yǒu le yí piàn xiǎo xiǎo
现在，我家窗外，也有了一片小小
de shù lín měi piàn yè zi dōu shǎn zhe wǔ yán liù sè de guāng
的树林。每片叶子都闪着五颜六色的光
cǎi jiù xiàng gēn niǎo de yǔ máo
彩，就像根鸟的羽毛。

xiàn zài wǒ shí cháng dú zì yì rén qù nà piàn bèi kǎn
现在，我时常独自一人去那片被砍
fá de shù lín nà lǐ yǐ jīng zhǎng chū le yí piàn yù yù
伐的树林。那里，已经长出了一片郁郁
cōng cōng de xiǎo shù měi piàn yè zi yě dōu xiàng gēn niǎo de yǔ
葱葱的小树，每片叶子也都像根鸟的羽
máo
毛。

měi dāng kàn dào zhè xiē shù wǒ jiù xiǎng wǒ de gēn
每当看到这些树，我就想：我的根
niǎo fēi dào nǎ lǐ qù le tā shén me shí hou cái néng fēi huí
鸟飞到哪里去了？它什么时候才能飞回
lái ne
来呢？

wǒ wàng zhe yuǎn fāng wǒ cāi xiǎng yuǎn fāng yě yí dìng
我望着远方，我猜想，远方也一定
yǒu le zhè yàng de shù
有了这样的树。

香香鸟

有一只小小鸟，小极了，小极了。你都想不到它有那么小。有多小？快伸出你的大拇指看看，它就像你的大拇指那么小。

小小鸟真漂亮，白天阳光照着，羽毛是金的；夜晚月光照着，羽毛是银的。

小小鸟的窝搭在一棵大树的树枝上。春天来了，它快当妈妈了。它正在孵蛋。它已经孵好多天了，再孵三天小小鸟就出壳了。

忽然，有一天晚上，又刮风，又下雨。蛋被刮下来了。小小鸟不顾刮风下雨，飞下来找，没找到。小小鸟哭了一

yè
夜。

dì èr tiān tiān gāng liàng xiǎo xiǎo niǎo yòu fēi dào shù xià
第二天，天刚亮，小小鸟又飞到树下

zhǎo hái shi méi zhǎo dào
找，还是没找到。

hū rán yǒu jǐ zhī xiǎo mì fēng fēi guò lái shuō nà
忽然，有几只小蜜蜂飞过来说：“那

biān yì duǒ wǔ cǎi huā xīn li tǎng zhe yì méi xiǎo xiǎo de dàn
边一朵五彩花心里，躺着一枚小小的蛋，

nǐ kuài qù kàn kan ba
你快去看看吧！”

xiǎo mì fēng dài lù fēi dào nà duǒ wǔ cǎi huā qián
小蜜蜂带路，飞到那朵五彩花前。

huā hěn xiāng hěn xiāng xiàng yì zhǎn xiǎo jiǔ bēi huā xīn li tǎng
花很香很香，像一盏小酒杯。花心里躺

zhe yì méi xiǎo xiǎo de dàn à yuán lái tā diào zài huā xīn
着一枚小小的蛋。啊，原来它掉在花心

li le
里了。

à zhè zhèng shì wǒ diū de dàn na xiǎo xiǎo niǎo
“啊，这正是我丢的蛋哪！”小小鸟

gāo xìng jí le kě shì tā zěn me bǎ dàn yùn huí wō li
高兴极了。可是，它怎么把蛋运回窝里

ya xiǎo xiǎo niǎo yòu fā chóu le
呀？小小鸟又发愁了。

bié zháo jí wǒ men dà jiā bāng zhù nǐ
“别着急，我们大家帮助你。”

cóng nà yì tiān kāi shǐ xiǎo mì fēng měi tiān dōu fú zài
从那一天开始，小蜜蜂每天都伏在

dàn shang nuǎn zhe tā dào le wǎn shang xiǎo huā jiù shōu lǒng le
蛋上暖着它。到了晚上，小花就收拢了

huā bàn er bǎ xiǎo niǎo dàn guǒ qǐ lái fēng guā bù zháo yǔ
花瓣儿，把小鸟蛋裹起来，风刮不着，雨
lín bù zháo
淋不着。

wǔ cǎi huā yě jiā jìn de kuài kuài zhǎng méi guò sān tiān
五彩花也加劲地快快长，没过三天，
huā màn jiù jǔ zhe niǎo dàn pá dào niǎo wō páng biān le
花蔓就举着鸟蛋爬到鸟窝旁边了。

jiù zài zhè shí hou dàn ké liè kāi le xiǎo xiǎo niǎo fū
就在这时候，蛋壳裂开了，小小鸟孵
chū lái le
出来了。

zhè zhī gāng gāng fū chū lái de xiǎo niǎo jiù zhǎng zhe wǔ
这只刚刚孵出来的小鸟，就长着五
yán liù sè de yǔ máo hái sàn fā zhe huā de xiāng wèi
颜六色的羽毛，还散发着花的香味。

dà jiā dōu lái zhù hè xiǎo xiǎo niǎo fū chū le yì zhī piào
大家都来祝贺小小鸟孵出了一只漂
liang de xiāng xiāng niǎo
亮的香香鸟。

xiǎo xiǎo niǎo lián máng shuō zhè shì xiǎo huā hé xiǎo mì fēng
小小鸟连忙说："这是小花和小蜜蜂
bāng wǒ fū chū lái de ya wǒ hái yào xiè xie dà jiā ne
帮我孵出来的呀，我还要谢谢大家呢！"

rú guǒ yǒu yì tiān nǐ zài huā cóng li kàn jiàn yì zhī
如果有一天，你在花丛里看见一只
wǔ cǎi niǎo tā hé mì fēng fēi zài yì qǐ nà jiù shì xiāng
五彩鸟，它和蜜蜂飞在一起，那就是香
xiāng niǎo wa
香鸟哇！

白丁香 紫丁香

奶奶种了一棵白丁香，爷爷种了一棵紫丁香。

年年春天，白丁香开白花，紫丁香开紫花。

白丁香，紫丁香，谁更香呢？

这时候，飞来了两只小鸟，一只长着洁白的羽毛，一只长着紫红的羽毛。白鸟落在白丁香树上，紫鸟落在紫丁香树上。

白鸟说：“还是我这棵白丁香树香啊！”

紫鸟说：“还是我这棵紫丁香树香啊！”

就在这时候，爷爷和奶奶互相搀扶着走来了。

爷爷闻了闻白丁香花儿，说：“还是你种的白丁香树香啊！”

奶奶闻了闻紫丁香花儿，说：“还是你种的紫丁香树香啊！”

他们互相夸奖着。白鸟和紫鸟听了很奇怪：他们怎么老是夸别人，不夸自己呀！

这时候，老爷爷看见白丁香树上落着一只白鸟，就对老奶奶说：“你看，你的白丁香树上落着一只白鸟，你的树更美啦！”

这时候，老奶奶看见紫丁香树上落着一只紫鸟，就对老爷爷说：“你看，你的紫丁香树上落着一只紫鸟，你的树更美啦！”

这回白鸟和紫鸟不再感到奇怪了。

白鸟说：“真的，紫鸟落在紫丁香树上，很美！”

紫鸟说：“真的，白鸟落在白丁香树上，很美！”

从那一天开始，每逢白鸟和紫鸟落在丁香树上，就一起唱着一首歌：

白的丁香奶奶种，
紫的丁香爷爷栽，
丁香花儿一起开，
一样香，一样美，
奶奶爱爷爷，
爷爷爱奶奶！

yé ye nǎi nai tīng le xiào de hé bú shàng zuǐ le
爷爷奶奶听了，笑得合不上嘴了。

xióng nǎi nai de shēng rì
熊奶奶的生日

jīn tiān shì xióng nǎi nai de shēng rì
今天是熊奶奶的生日。

máo máo xióng lái dào huā yuán li tā yào gěi nǎi nai cǎi
毛毛熊来到花园里，他要给奶奶采
yí shù hóng méi gui
一束红玫瑰。

tā yí miàn cǎi zhe zuǐ li yí miàn dū nong zhe shén
他一面采着，嘴里一面嘟哝着什
me shéi yě tīng bù qīng tā zài shuō shén me yě bù zhī dào
么。谁也听不清他在说什么，也不知道
tā zài hé shéi shuō huà
他在和谁说话。

máo máo xióng dài zhe yí shù hóng méi gui lái gěi xióng nǎi nai
毛毛熊带着一束红玫瑰来给熊奶奶
zhù shòu
祝寿。

āi yā duō piào liang de huā ya xióng nǎi nai yí
“哎呀，多漂亮的花呀！”熊奶奶一
jiàn zhè huā jiù jī dòng de jiào qǐ lái
见这花就激动得叫起来。

rán hòu tā yòu bǎ bí zi còu dào huā gēn qián wén yi
然后，她又把鼻子凑到花跟前，闻一
wén ā hǎo xiāng hǎo xiāng xióng nǎi nai yòu jī dòng
闻：“啊，好香！好香！”熊奶奶又激动
de jiào qǐ lái
得叫起来。

máo máo xióng kàn zhe xióng nǎi nai jī dòng de yàng zi yě
毛毛熊看着熊奶奶激动的样子，也
gāo xìng jí le tā zài xiǎng děng huì er wǒ hái yào ràng nín
高兴极了。他在想，等会儿我还要让您
gèng gāo xìng ne
更高兴呢！

shéi yě méi xiǎng dào jiù zài zhè shí hou bù zhī cóng
谁也没想到，就在这时候，不知从
nǎ lǐ chuán lái le kū shēng
哪里传来了哭声。

xióng nǎi nai máo máo xióng hé kè rén men dōu cè qǐ ěr
熊奶奶、毛毛熊和客人们都侧起耳
duo tīng tīng le bàn tiān yě tīng bù chū kū shēng shì cóng nǎ er
朵听，听了半天也听不出哭声是从哪儿
chuán lái de
传来的。

shéi yě bù shuō huà wū li jìng jí le
谁也不说话，屋里静极了。

yòu chuán lái kū shēng
又传来哭声。

zhè cì máo máo xióng tīng qīng le yuán lái kū shēng shì cóng
这次毛毛熊听清了，原来哭声是从
tā cǎi lái de hóng méi gui nà lǐ chuán chū lái de
他采来的红玫瑰那里传出来的。

hóng méi gui nǐ kū shén me ya máo máo xióng
“红玫瑰，你哭什么呀？”毛毛熊
wèn
问。

hóng méi gui yáo yao tóu shuō wǒ méi kū ya
红玫瑰摇摇头，说：“我没哭呀！”

zhè shí cóng huā xīn li pá chū yì zhī xiǎo mì fēng yí
这时，从花心里爬出一只小蜜蜂，一
miàn kū yí miàn shuō bié yuān wang hóng méi gui shì wǒ zài
面哭一面说：“别冤枉红玫瑰，是我在
kū
哭。”

xióng nǎi nai zǒu guò lái gǎn máng wèn wèi shén me kū
熊奶奶走过来，赶忙问：“为什么哭
ya gào su nǎi nai
呀？告诉奶奶。”

xiǎo mì fēng chōu qì zhe shuō wǒ cǎi le mì huí bù liǎo
小蜜蜂抽泣着说：“我采了蜜回不了
jiā la wǒ xiǎng mā ma
家啦，我想妈妈。”

máo máo xióng yì tīng jiù míng bai le yí dìng shì tā gāng
毛毛熊一听就明白了，一定是他刚
cái cǎi zhāi hóng méi gui de shí hou bǎ cáng zài huā xīn li cǎi
才采摘红玫瑰的时候，把藏在花心里采

mì de xiǎo mì fēng yě gěi dài lái le
蜜的小蜜蜂也给带来了。

xióng nǎi nai shuō jīn tiān shì wǒ shēng rì wán yí huì
熊奶奶说："今天是我生日，玩一会

er ràng máo máo xióng sòng nǐ huí jiā
儿让毛毛熊送你回家。"

xiǎo mì fēng bú yuàn yì tā pà mā ma diàn niàn tā
小蜜蜂不愿意，他怕妈妈惦念他，

xiǎng zǎo diǎn er huí jiā
想早点儿回家。

yú shì máo máo xióng wèi xiǎo mì fēng zhǐ lù bǎ tā
于是，毛毛熊为小蜜蜂指路，把他

sòng zǒu le
送走了。

xióng nǎi nai de shēng rì yàn huì kāi shǐ le
熊奶奶的生日宴会开始了。

xióng nǎi nai chuī miè le hóng hóng de shēng rì là zhú
熊奶奶吹灭了红红的生日蜡烛。

yīn yuè kāi shǐ le dà jiā yòu tiào qǐ le wǔ
音乐开始了，大家又跳起了舞。

wǔ gāng tíng máo máo xióng xiàng dà jiā xuān bù wǒ
舞刚停，毛毛熊向大家宣布："我

chú le xiàn gěi xióng nǎi nai yí shù huā hái yào xiàn gěi xióng nǎi
除了献给熊奶奶一束花，还要献给熊奶

nai yì shǒu shī xiàn zài qǐng tīng wǒ lǎng sòng
奶一首诗。现在请听我朗诵——"

shéi yě bù shuō huà jìng jìng de děng dài zhe
谁也不说话，静静地等待着。

máo máo xióng qīng le qīng sǎng zi bǎi hǎo le zī shì
毛毛熊清了清嗓子，摆好了姿势，

kāi shǐ lǎng sòng
开始朗诵：

xióng nǎi nai yǒu yí gè
熊奶奶有一个，
shǔ yú tā zì jǐ de jié rì
属于她自己的节日，
zhè jié rì jiù shì tā de shēng rì
这节日，就是她的生日。

shéi yě méi xiǎng dào máo máo xióng hái shi gè shī rén yě méi xiǎng dào tā lǎng sòng de zhè me hǎo
谁也没想到毛毛熊还是个诗人，也没想到他朗诵得这么好。

dà jiā děng dài zhe tā jì xù lǎng sòng kě shì tā biē de mǎn liǎn tōng hóng yě xiǎng bù qǐ xià miàn de shī jù le
大家等待着他继续朗诵。可是他憋得满脸通红，也想不起下面的诗句了。

zhèng zài dà jiā zháo jí de shí hou hū rán tīng jiàn chuāng wài yǒu shéi jiē zhe lǎng sòng
正在大家着急的时候，忽然听见窗外有谁接着朗诵：

wǒ men ài tā
我们爱她，
tā de shēng rì
她的生日，
yě shì wǒ men dà jiā de jié rì
也是我们大家的节日。

à yuán lái shì gāng cái fēi zǒu de nà zhī xiǎo mì fēng
啊，原来是刚才飞走的那只小蜜蜂
yòu fēi huí lái le tā de bà ba mā ma gē ge jiě jie
又飞回来了。他的爸爸妈妈、哥哥姐姐
dōu lái gěi xióng nǎi nai guò shēng rì le
都来给熊奶奶过生日了。

máo máo xióng gǎn jǐn qǐng tā men fēi jìn lái tā jīng
毛毛熊赶紧请他们飞进来。他惊
qí de wèn xiǎo mì fēng nǐ zěn me huì bèi wǒ xiě de shī
奇地问小蜜蜂：“你怎么会背我写的诗
ya
呀？”

xiǎo mì fēng shuō nǐ cǎi huā shí dū dū nóng nóng de
小蜜蜂说：“你采花时嘟嘟哝哝地
bèi shī wǒ dōu tīng jiàn le
背诗，我都听见了。”

zhè shí hou zhī jiàn xiǎo mì fēng yì jiā xiàn shàng le yí
这时候，只见小蜜蜂一家献上了一
guàn fēng mì xiǎo mì fēng yě bǎi hǎo le zī shì lǎng sòng qǐ
罐蜂蜜，小蜜蜂也摆好了姿势，朗诵起
lái
来：

wǒ men sòng lái le fēng mì
我们送来了蜂蜜，
ràng xióng nǎi nai de shēng rì tián tián de
让熊奶奶的生日甜甜的。

zhè shí hou máo máo xióng yě xiǎng qǐ le jǐ jù shī
这时候，毛毛熊也想起了几句诗，

tā yòu jiē zhe lǎng sòng
他又接着朗诵：

tián tián de
甜甜的，

tián tián de
甜甜的，

tián dào xióng nǎi nai xīn lǐ
甜到熊奶奶心里，

yě tián dào wǒ men dà jiā de xīn lǐ
也甜到我们大家的心里。

xióng nǎi nai gāo xìng de qián yǎng hòu hé， xiào de tián jí le、tián jí le
熊奶奶高兴得前仰后合，笑得甜极了、甜极了……

bái wū yā
白乌鸦

zǎo chūn de tiān qì tián yě jiě dòng le dōng mián de
早春的天气，田野解冻了，冬眠的
chóng er jiàn jiàn sū xǐng guò lái
虫儿渐渐苏醒过来。

tián yě shang luò xià yì qún wū yā tā men chuān zhe yóu
田野上落下一群乌鸦。它们穿着油
hēi yóu hēi de yǔ yī yōu xián de zài tián yě shang zǒu lái zǒu
黑油黑的羽衣，悠闲地在田野上走来走
qù zhuó shí zhe cóng dì xià zuān chū lái de chóng er tā men
去，啄食着从地下钻出来的虫儿。它们
chī de hěn xiāng
吃得很香。

yí wèi zhèng zài tián yě shang sàn bù de shī rén kàn jiàn
一位正在田野上散步的诗人，看见
le wū yā men nà gāo yǎ de fēng dù tā hěn jī dòng jiù suí
了乌鸦们那高雅的风度，他很激动，就随
kǒu yín chū le jǐ jù shī
口吟出了几句诗：

à nǐ zài tián yě shang zǒu lái zǒu qù
啊，你在田野上走来走去，
chuān yì shēn hēi sè de yī guà
穿一身黑色的衣褂，
nǐ xiàng yí wèi měi lì de nóng xué jiā
你像一位美丽的农学家，

à nǐ měi lì de wū yā
啊，你美丽的乌鸦！

wū yā men tīng jiàn le shī rén de lǎng sòng nǐ kàn kan wǒ wǒ kàn kan nǐ tā men jī hū bù xiāng xìn zì jǐ de ěr duo nán dào yí wèi shī rén huì yín chū yì shǒu wū yā de sòng gē ma
乌鸦们听见了诗人的朗诵，你看看我，我看看你，它们几乎不相信自己的耳朵，难道一位诗人会吟出一首乌鸦的颂歌吗？

wǒ zhēn de tīng dào le yì zhī wū yā shuō
“我真的听到了！”一只乌鸦说。

wǒ yě tīng dào le lìng yì zhī wū yā yě zhè yàng shuō
“我也听到了！”另一只乌鸦也这样说。

tā bǎ wǒ men bǐ zuò nóng xué jiā ne dì sān zhī wū yā bǔ chōng shuō
“他把我们比作‘农学家’呢！”第三只乌鸦补充说。

wū yā men huān hū qǐ lái wā wā wā
乌鸦们欢呼起来：“哇——哇——哇！”

tā men huì yīn wèi zhè shǒu shī ér míng chuí qiān gǔ
它们会因为这首诗而名垂千古。

jiù zài zhè shí hou cóng tiān shàng fēi xià yì zhī bái wū yā tā chuān zhe yì shēn xuě bái de yǔ yī yě yōu xián de zài tián yě shang zǒu lái zǒu qù zhuó shí zhe cóng dì xià zuān chū
就在这时候，从天上飞下一只白乌鸦。它穿着一身雪白的羽衣，也悠闲地在田野上走来走去，啄食着从地下钻出

lái de chóng er tā chī de yě hěn xiāng
来的虫儿。它吃得也很香。

nǐ hǎo wa bái wū yā wū yā men hé tā dǎ
“你好哇，白乌鸦！”乌鸦们和它打

zhe zhāo hu
着招呼。

nǐ men jiào wǒ shén me bái wū yā zhǎ ba zhe yǎn
“你们叫我什么？”白乌鸦眨巴着眼

jing
睛。

nán dào nǐ bú shì wū yā ma yì zhī xiǎo wū yā
“难道你不是乌鸦吗？”一只小乌鸦

tiān zhēn de shuō
天真地说。

“我是乌鸦？太可笑了！”说着，它“哇哇哇”地笑起来。

其实，它这“哇哇哇”的声音，谁也分不清是在笑还是在哭。

这时候，一只老乌鸦很有耐心地说：“你虽然长着一身白羽毛，但还是一只乌鸦。”

“不！不！”白乌鸦不耐烦地嚷起来，“乌鸦都是黑的，我是白的，所以我不是乌鸦！”

就在这时候，那个散步的诗人正好回转身来走到白乌鸦身边。白乌鸦迎上去说：“我尊敬的诗人，也为我写一首诗吧！”

诗人看着它，没说话。白乌鸦耐心地等着。它知道此刻诗人正在酝酿情

xù yí dàn yǒu le líng gǎn tā de shī jiù huì xiàng quán shuǐ
绪，一旦有了灵感，他的诗就会像泉水
yí yàng pēn yǒng ér chū
一样喷涌而出。

kě shì shī rén kàn zhe tā shén me yě méi shuō yòu
可是，诗人看着它，什么也没说，又
wǎng qián zǒu zhe
往前走着。

bái wū yā zhuī shàng qù dǎng zhù tā de qù lù dà
白乌鸦追上去，挡住他的去路，大
shēng qǐng qiú zhe nǐ néng gěi wū yā xiě shī nán dào bù
声请求着：“你能给乌鸦写诗，难道不
néng gěi wǒ xiě yì shǒu ma wǒ wǒ shì bái sè de wǒ kě
能给我写一首吗？我，我是白色的，我可
bú shì wū yā ya
不是乌鸦呀！”

shī rén zhǐ hǎo tíng xià jiǎo bù duān xiang zhe tā tā
诗人只好停下脚步，端详着它，它
yě niǔ dòng zhe shēn qū dǒu kāi quán shēn xuě bái de yǔ máo
也扭动着身躯，抖开全身雪白的羽毛。

zhè shí hou zhǐ tīng jiàn shī rén kāi shǐ yín sòng le
这时候，只听见诗人开始吟诵了：

à nǐ zài tián yě shang zǒu lái zǒu qù
啊，你在田野上走来走去，
chuān yì shēn bái sè de yī guà
穿一身白色的衣褂，

yín sòng wán zhè liǎng jù shī rén yòu xiàn rù chén sī
吟诵完这两句，诗人又陷入沉思。

白乌鸦很高兴，因为诗人注意到它的“白色的衣褂”了！

诗人又接着吟诵了：

你像一位白衣天使，

吟诵完这句，诗人又陷入沉思。白乌鸦更高兴了，因为诗人把它比作“白衣天使”，这可比“农学家”神妙多了。

只是，诗人在田野上踱来踱去，迟迟不肯吟出最后一句。

诗人的身后跟着白乌鸦，也跟着黑乌鸦，它们都在等待着诗人吟出最美妙的那一句诗。尤其是白乌鸦，它比谁都着急，因为它已被比作“白衣天使”了，难道它还会是一只乌鸦吗？

zhè shí hou zhǐ jiàn shī rén zǒu jìn tā shēn chū tā de
这时候，只见诗人走近它，伸出他的
shǒu yòu màn màn jǔ dào kōng zhōng dà shēng yín sòng dào
手，又慢慢举到空中，大声吟诵道：

à nǐ měi lì de bái wū yā
啊，你美丽的白——乌——鸦！

wū yā men tīng jiàn le dōu wā wā
乌鸦们听见了，都“哇——哇——
wā de jiào qǐ lái
哇”地叫起来。

bái wū yā jī hū bù xiāng xìn zì jǐ de ěr duo nán
白乌鸦几乎不相信自己的耳朵，难
dào shī rén rèn wéi bái sè de wū yā yě shì wū yā
道诗人认为白色的——乌鸦，也是乌鸦
ma
吗？

shī rén yín sòng wán zhè shǒu shī yòu màn màn de xiàng qián
诗人吟诵完这首诗，又慢慢地向前
zǒu qù
走去。

jīn tiān tā sì hū hěn mǎn yì zì jǐ de shī tā yǐ
今天，他似乎很满意自己的诗，他已
jīng hěn jiǔ méi yín sòng zhè me hǎo de shī le
经很久没吟诵这么好的诗了。

郁金香和蓝蝴蝶

一幅郁金香油画挂在东墙上。

一只蓝蝴蝶标本挂在西墙上。

它们不声不响，你看着我，我看着你。

蓝蝴蝶标本觉得那画儿上的郁金香很美丽，也很眼熟。它忽然想起来了，是在那一年春天，它慢慢悠悠地飞在花丛里的时候，认识了这朵花儿；它还想起来，它曾落在郁金香张开的花心里，和它说过好多好多话儿。

画上的郁金香也觉得那蓝蝴蝶标本很美丽，也很眼熟。它也想起来了，确实是在那一年春天，它刚刚开放的时候，这只蓝蝴蝶就落在它的花心里，和它说过好多好多话儿。

可是，那段快乐的日子一去不复返了。它们再也不能像过去那样活活泼泼、快快乐乐地在一起玩儿了。

它们不声不响地你看着我，我看着你，想起好多好多从前的故事。

郁金香还记得，有一天，有一个背着画夹的小姐姐朝它走来，仔仔细细地看了好久，然后一笔一笔地把它画在画布上。小姐姐笑了，她很满意自己这幅画儿。她背后站着好多看她画画儿的人，都夸她画的郁金香“像真的一样”。

蓝蝴蝶标本也记得，也是在那一天，那个画画儿的小姐姐的弟弟，他举着昆虫网在这片花丛里跑来跑去，追赶着蜻

tíng hé lán hú dié jiù zài lán hú dié hé yù jīn xiāng gāng gāng
蜓和蓝蝴蝶。就在蓝蝴蝶和郁金香刚刚
gào bié luò dào nà piàn cǎo píng shang de shí hou xiǎo dì di
告别，落到那片草坪上的时候，小弟弟
bǔ zhuō dào le tā rén men dōu shuō tā zhuō dào le yì zhī zuì
捕捉到了它。人们都说他捉到了一只最
měi lì de lán hú dié hái gào su tā yīng dāng bǎ lán hú
美丽的蓝蝴蝶；还告诉他，应当把蓝蝴
dié zuò chéng biāo běn guà zài qiáng shang
蝶做成标本挂在墙上。

xiǎng qǐ zhè xiē gù shi tā liǎ jué de hěn qīn hěn
想起这些故事，它俩觉得很亲很
qīn
亲。

huà shang de yù jīn xiāng shuō lán hú dié qǐng nǐ zài
画上的郁金香说：“蓝蝴蝶，请你再
fēi dào wǒ de huā xīn li hǎo ma wǒ zuì xǐ huan tīng nǐ shuō
飞到我的花心里好吗？我最喜欢听你说
qiāo qiāo huà er le
悄悄话儿了。”

lán hú dié biāo běn shuō yù jīn xiāng qǐng nǐ zài sàn
蓝蝴蝶标本说：“郁金香，请你再散
fā xiē xiāng wèi er hǎo me wǒ zuì xǐ huan wén nǐ dàn dàn de
发些香味儿好么？我最喜欢闻你淡淡的
xiāng wèi er le
香味儿了。”

dàn shì huà shang de yù jīn xiāng zài yě méi yǒu guò qù
但是，画上的郁金香再也没有过去
de xiāng wèi er le lán hú dié biāo běn yě bù néng zài shān dòng
的香味儿了。蓝蝴蝶标本也不能再扇动
tā de chì bǎng le
它的翅膀了。

kě shì zhǐ yào tā liǎ nǐ kàn zhe wǒ wǒ kàn zhe nǐ
可是，只要它俩你看着我、我看着你
de shí hou tā liǎ jiù huì zhè yàng xiǎng yào shi hái néng zài
的时候，它俩就会这样想：要是还能在
yì qǐ gāi duō hǎo wa
一起该多好哇！

shuō yě qí guài zhǐ yào tā liǎ zhè me yì xiǎng jiù
说也奇怪，只要它俩这么一想，就
yǒu yí zhèn chūn tiān de wēi fēng zài tā men zhōng jiān chuī lái chuī
有一阵春天的微风，在它们中间吹来吹
qù zhǐ yào tā liǎ zhè me yì xiǎng jiù yǒu yì lǚ míng liàng
去。只要它俩这么一想，就有一缕明亮
de yáng guāng bǎ tā liǎ zhào de nuǎn róng róng de zhǐ yào tā
的阳光，把它俩照得暖融融的。只要它

俩这么一想，就有一首好听的歌曲，在它们心头欢唱着。

就在这春风里、阳光下和歌声中，那郁金香渐渐地从画框里发了新芽，长了新叶，鲜丽的花瓣又散发着清香——啊，郁金香又活了。

那蓝蝴蝶标本呢，在花香里，也慢慢地扇动着翅膀，抖落了身上的灰尘，它从墙上起飞了，又飞向那朵活了的郁金香。

它们好像又回到了春天，又欢聚在一起。

多么好哇，这世界上又多了一朵郁金香，又多了一只蓝蝴蝶。

雨人

一、檐下独自看雨

这一年，春天来得特别早。早早地下了第一场春雨。

我坐在檐下，独自看雨。

透过檐溜，我看见雨中的天地，白花花一片。我看不清这雨是像一颗颗珠子滑落下来，还是像一条条银丝飘飞下来。

能坐在檐下独自看雨，这是难以名状的幸福。

这幸福只能意会，不能言传。

雨景是看不够的，而且伴随着淅淅

lì lì de yǔ shēng píng tiān
沥沥的雨声，平添
le xǔ duō lè qù
了许多乐趣。

yǐ qián wǒ céng
以前，我曾
fā xiàn dāng yǔ cóng gāo
发现，当雨从高
yuǎn de tiān kōng fēi luò xià
远的天空飞落下
lái de shí hou jiù zài tā
来的时候，就在它
pèng zhuàng dà dì de yí chà
碰撞大地的一刹
nà nà yǔ dī zhàn kāi le
那，那雨滴绽开了
yì duǒ duǒ xiǎo xiǎo de yín
一朵朵小小的银
liàng de yǔ huā
亮的雨花。

yǔ huā de shēng mìng
雨花的生命
shì duǎn zàn de bǐ tán huā
是短暂的，比昙花
hái duǎn zàn shèn zhì lái bu
还短暂，甚至来不
jí kàn qīng chu tā men jiù
及看清楚，它们就
cōng cōng diāo xiè le rán
匆匆凋谢了。然
ér jīn tiān wǒ zuò zài yán
而，今天我坐在檐

xià dú zì kàn yǔ wǒ què fā xiàn le lìng yì zhǒng bù tóng
下，独自看雨，我却发现了另一种不同
xún cháng de qí miào jǐng xiàng
寻常的奇妙景象：

dāng wú shù de yǔ diǎn er luò zài dà dì shang de shí
当无数的雨点儿落在大地上的时
hou tā men bú zài shǎn xiàn yín liàng de yǔ huā ér shì yí luò
候，它们不再闪现银亮的雨花，而是一落
dì jiù biàn chéng le shǔ yě shǔ bù qīng de yǔ rén
地就变成了数也数不清的雨人。

zhēn de xiǎo xiǎo de liàng jīng jīng de yǔ rén
真的，小小的、亮晶晶的雨人！

kàn zhe zhè qí miào de jǐng xiàng wǒ jīng dāi le wǒ
看着这奇妙的景象，我惊呆了。我
zuò zài nà er yí dòng bú dòng mù bù zhuǎn jīng
坐在那儿一动不动，目不转睛。

wǒ kàn jiàn wú shù de yǔ rén gāo jǔ qǐ shǒu bì huān
我看见无数的雨人高举起手臂，欢
yíng tiān shàng yǒu gèng duō de yǔ diǎn er luò xià lái yě biàn chéng
迎天上有更多的雨点儿落下来，也变成
yǔ rén
雨人。

nǐ hǎo wa yǔ rén
你好哇，雨人！

èr yǔ rén de hé chàng
二、雨人的合唱

yǔ rén shì dài zhe gē shēng lái dào zhè ge shì jiè de
雨人是带着歌声来到这个世界的。

wǒ tīng jiàn le tā men de gē shēng
我听见了他们的歌声：

bù zhī dào zǒu guò le duō shao lù chéng
不知道走过了多少路程，
luò dì jiù huò dé le xīn de shēng mìng
落地就获得了新的生命。

tā men wǎn qǐ le shǒu bì zài gē zài wǔ bú duàn de yǒu xīn de yǔ rén jiā rù tā men de hé chàng nà gē shēng biàn de gèng jiā hé xié liáo liàng
他们挽起了手臂载歌载舞，不断地有新的雨人加入他们的合唱。那歌声变得更加和谐、嘹亮：

wǒ men shì shuǐ de jīng líng
我们是水的精灵，
xīn xiàng shuǐ yí yàng tòu míng
心像水一样透明。

wǒ kàn jiàn yǔ zhōng de nà piàn kòng dì zǎo yǐ biàn chéng yǔ rén kuáng huān de guǎng chǎng tā men de gē shēng gài guò le yǔ shēng wǒ jī hū wàng jì le zì jǐ shì zuò zài yán xià dú zì kàn yǔ wǒ yǐ jīng chén jìn zài yǔ rén huān lè de gē
我看见雨中的那片空地早已变成雨人狂欢的广场。他们的歌声盖过了雨声。我几乎忘记了自己是坐在檐下独自看雨。我已经沉浸在雨人欢乐的歌

shēng zhōng le
声中了：

hái yào zǒu guò hěn cháng de lù chéng
还要走过很长的路程，

qù jiāo guàn gèng duō xīn de shēng mìng
去浇灌更多新的生命，

yōng bào huā cǎo shù mù hé yòu miáo
拥抱花草树木和幼苗，

gěi shì jiè yí gè lǜ sè de mèng
给世界一个绿色的梦。

我已经很久没听到这样的歌声了。这歌声只有雨人才能唱得出。他们的生命是亮晶晶的，歌声也是亮晶晶的。

我情不自禁地走进雨里，来到雨人中间。他们一点儿也不惧怕我。

我蹲下来，双手捧起一个雨人，我问他：“你叫什么名字？”

“我叫雨人。”他回答。

我又捧起几个雨人，问他们叫什么名字。

他们一齐回答：“我们都叫雨人！”

我知道了，他们有一个共同的名字。

我和他们一起载歌载舞。

sān lǜ sè de mèng
三、绿色的梦

wǒ gēn zhe xǔ xǔ duō duō de yǔ rén zǒu qù
我跟着许许多多的雨人走去。

wǒ wèn nǐ men dào nǎ er qù
我问："你们到哪儿去？"

tā men huí dá wǒ men qù huā tán
他们回答："我们去花坛。"

huā tán li zhòng zhe méi gui yuān wěi lán yù jīn xiāng nà xiē huā zhèng hán bāo yù fàng yǔ rén yì lái tā men jiù kāi fàng le shēn hóng sè de dàn zǐ sè de hái yǒu xuě bái sè de huā
花坛里种着玫瑰、鸢尾兰、郁金香……那些花正含苞欲放。雨人一来，他们就开放了，深红色的，淡紫色的，还有雪白色的花。

hái yǒu xǔ duō yǔ rén tiào dào cǎo píng shang xiān shì luò zài jiān xì de cǎo yè shang rán hòu xiàng huá huá tī shì de huá jìn le cǎo píng cǎo píng gèng lǜ le
还有许多雨人跳到草坪上，先是落在尖细的草叶上，然后像滑滑梯似的滑进了草坪。草坪更绿了。

hái yǒu xǔ duō yǔ rén pān shàng yì kē kē xiǎo shù xiān shì guà zài nèn nèn de shù zhī shang dàng lái dàng qù xiàng shì dàng qiū qiān yǒu de duǒ zài yí piàn lǜ yè xià miàn xiàng duǒ zài yì zhāng lǜ sè de xiǎo zhàng péng li zhuō mí cáng rán hòu jiù cóng
还有许多雨人攀上一棵棵小树，先是挂在嫩嫩的树枝上荡来荡去，像是荡秋千；有的躲在一片绿叶下面，像躲在一张绿色的小帐篷里捉迷藏，然后就从

shù shang shùn zhe shù gàn huá xià lái zuān jìn shù gēn bú jiàn
树上顺着树干滑下来，钻进树根，不见
le
了。

tā men zhēn de qù jiāo guàn le xǔ duō lǜ sè de shēng
他们真的去浇灌了许多绿色的生
mìng yǔ rén dài gěi zhè shì jiè yí gè lǜ sè de mèng
命。雨人带给这世界一个绿色的梦。

à kuài lè de yǔ rén dāng xǔ xǔ duō duō yǔ rén
啊，快乐的雨人！当许许多多雨人
huì hé zài yì qǐ zhè shì jiè biàn de shēng jī bó bó
汇合在一起，这世界变得生机勃勃。

wǒ xī wàng zì jǐ yě néng biàn chéng yí gè yǔ rén
我希望自己也能变成一个雨人。

wǒ zhāng kāi shuāng bì yíng xiàng tiān kōng
我张开双臂迎向天空。

sì wǒ yě biàn chéng le yǔ rén
四、我也变成了雨人

wǒ zhēn de biàn chéng le yí gè yǔ rén
我真的变成了一个雨人！

wǒ suī rán shī qù le zì jǐ de míng zi yě biàn ǎi
我虽然失去了自己的名字，也变矮
le xǔ duō dàn shì wǒ jué de zì jǐ cóng méi yǒu zhè yàng
了许多。但是，我觉得自己从没有这样
qīng sōng měi lì wǒ xiàng yí gè bō li rén tōng tǐ liàng
轻松、美丽。我像一个玻璃人，通体亮
jīng jīng de
晶晶的。

yǔ hái zài xià zhe yòu yǒu gèng duō yǔ diǎn er luò zài
雨还在下着。又有更多雨点儿落在
dì shang biàn chéng le liàng jīng jīng de yǔ rén
地上，变成了亮晶晶的雨人。

rú jīn wǒ yě shì yí gè yǔ rén le wǒ wàng jì le
如今我也是一个雨人了。我忘记了
yuán lái de zì jǐ wǒ hé xǔ xǔ duō duō de yǔ rén jù hé
原来的自己。我和许许多多的雨人聚合
zài yì qǐ wǒ yǐn lǐng zhe shǔ bù qīng de yǔ rén xiàng yǐn
在一起。我引领着数不清的雨人，像引
lǐng zhe yì tiáo kuài kuài lè lè de xiǎo xī
领着一条快快乐乐的小溪。

wǒ dà shēng shuō zǒu wa gēn wǒ zǒu hǎo ma
我大声说：“走哇，跟我走，好吗？”

yǔ rén men dà shēng wèn dào nǎ er qù ya
雨人们大声问：“到哪儿去呀？”

wǒ dà shēng shuō wǒ dài nǐ men qù yí gè xīn qí
我大声说：“我带你们去一个新奇
de dì fang
的地方！”

yú shì wǒ dài zhe tā men zǒu xiàng yì tiáo hé zhè
于是，我带着他们走向一条河。这
shì yì tiáo qí guài de hé tā níng gù zài nà er cóng bù liú
是一条奇怪的河，它凝固在那儿，从不流
dòng nǎ pà yǒu wēi fēng chuī guò yě dàng bù qǐ lián yī
动。哪怕有微风吹过，也荡不起涟漪。

shuǐ zhōng méi yǒu yú lián xiǎo kē dǒu yě méi yǒu
水中没有鱼，连小蝌蚪也没有。

rén men hē le zhè lǐ de shuǐ huì biàn de hěn bēi shāng
人们喝了这里的水，会变得很悲伤。

gèng qí guài de shì rén men cháng cháng tīng jiàn hé shuǐ zài
更奇怪的是，人们常常听见河水在

呜咽，随后，水就涨了上来。

远远近近都知道这里有一条奇怪的河。不知是谁，给它取了一个名字，叫泪河。

我和雨人走向那条泪河，跳进去，和它融汇在一起。

泪河不再凝固，它开始流动。我看见河面上荡起一层层银亮亮的涟漪，仔细望去，像粲然的笑。

人们都知道，是雨人给这里带来了一条新的河。

五、尾声

没过多久，这河里有了鱼，有了虾，也有了小蝌蚪。

é ya yā ya yě cháng cháng lái zhè lǐ xì shuǐ
鹅呀，鸭呀，也常常来这里戏水，
zhěng tiān chàng zhe gē
整天唱着歌。

wú lùn shéi hē le zhè lǐ de shuǐ dōu bú zài bēi shāng
无论谁喝了这里的水，都不再悲伤，
dōu huì xiàng yǔ rén nà yàng kuài lè
都会像雨人那样快乐。

zhè yì tiān wǒ gào bié yǔ rén wǒ men yòng gē shēng
这一天，我告别雨人。我们用歌声
huà bié
话别：

wǒ men shì shuǐ de jīng líng
我们是水的精灵，
xīn xiàng shuǐ yí yàng tòu míng
心像水一样透明，
gěi shēng huó sòng qù kuài lè
给生活送去快乐，
bǎ zhè shì jiè xǐ gān jìng
把这世界洗干净。

zhì jīn wǒ réng cháng zuò zài yán xià dú zì kàn yǔ
至今，我仍常坐在檐下，独自看雨。
yǒu xǔ duō rén jiào wǒ yǔ rén wǒ wēi xiào zhe diǎn dian
有许多人叫我雨人，我微笑着点点
tóu
头。

lóng fēng zhēng
龙风筝

shéi dōu zhī dào lóng zhǎng shén me yàng er kě shéi yě méi
谁都知道龙长什么样儿，可谁也没
jiàn guò zhēn zhèng de lóng
见过真正的龙。

fēng zheng jié kuài dào le lóng yé ye zhèng zài gǎn hú zhe
风筝节快到了，龙爷爷正在赶糊着
yì zhī lóng fēng zheng
一只龙风筝。

lóng yé ye jiù shì yīn wèi huì hú fēng zheng tā de lóng
龙爷爷就是因为会糊风筝，他的龙
fēng zheng zài fēng zheng jié bǐ sài shang fēi de zuì gāo fēi de
风筝在风筝节比赛上飞得最高、飞得
zuì wěn suǒ yǐ dà jiā dōu jiào tā lóng yé ye
最稳，所以大家都叫他龙爷爷。

lóng yé ye sān tiān sān yè méi shuì jiào zhōng yú bǎ yì
龙爷爷三天三夜没睡觉，终于把一
zhī wǔ zhàng cháng de lóng fēng zheng hú hǎo le wú lùn shéi jiàn
只五丈长的龙风筝糊好了。无论谁见
le dōu zàn bù jué kǒu āi yā zhēn shì qiǎo duó tiān gōng
了都赞不绝口："哎呀，真是巧夺天工
a qiáo zhè lóng yǎn jing dī liū dī liū zhuàn ya
啊，瞧这龙眼睛，滴溜滴溜转呀！"

hái yǒu rén kuā zàn shuō zhè kě zhēn shì lóng yé ye
还有人夸赞说："这可真是龙爷爷
de jué huó er qiáo zhè lóng zhuǎ zi zhēn néng gēng yún bō yǔ
的绝活儿，瞧这龙爪子，真能耕云播雨

呀！”

就在这时候，有一个小孩儿钻到龙跟前：“可惜是假的！”

这句话偏偏就让龙风筝记在心里了。

三月，春风吹来，暖洋洋的，桃花开了，杏花开了，香味扑鼻。

这一天，风筝节开始了。有放蝴蝶风筝的，有放蜈蚣风筝的，还有放老鹰风筝的。

最后飞上天的是龙爷爷的龙风筝。

一只只风筝就像被春风无形的手牵引着直飞蓝天。

先是蝴蝶风筝飞得最高，一会儿蜈蚣风筝追了上去。

忽然，蝴蝶风筝和蜈蚣风筝都一个

dào zāi cōng diē le xià lái yǎn kàn zhe kuài zhān dì le yòu fēi
倒栽葱跌了下来，眼看着快沾地了，又飞
le shàng qù zhè shí hou lǎo yīng fēng zheng cēng cēng de fēi
了上去。这时候，老鹰风筝噌噌地飞
le shàng qù
了上去。

dà jiā huǒ er zuì jí de hái shi lóng fēng zheng zhǐ jiàn
大家伙儿最急的还是龙风筝，只见
tā yáo tóu bǎi wěi lǎo zài bàn kōng zhōng fú yóu zhe bù huāng
它摇头摆尾，老在半空中浮游着，不慌
bù máng bú shàng bú xià
不忙，不上不下。

lóng yé ye xīn lǐ yě yǒu xiē nà mèn er jīn tiān zhè
龙爷爷心里也有些纳闷儿：今天这
lóng fēng zheng shì zěn me le gēn wǒ zuò qǐ duì lái le
龙风筝是怎么了，跟我作起对来了？

lóng fēng zheng xīn lǐ yě zài xiǎng nǐ men bú shì shuō wǒ
龙风筝心里也在想：你们不是说我
shì jiǎ de ma wǒ jiù zhè ge yàng er ràng nǐ men zháo zhao
是假的吗？我就这个样儿，让你们着着
jí
急！

kě shì nà lìng wài de sān zhī fēng zheng nǐ shàng wǒ
可是，那另外的三只风筝，你上我
xià bǐ sài zhe wǎng yún cai li zuān yíng dé le yí zhèn zhèn
下，比赛着往云彩里钻，赢得了一阵阵
zhǎng shēng
掌声。

wéi dú lóng yé ye de nà tiáo lóng jiù shì bù gāo bù
唯独龙爷爷的那条龙，就是不高不
dī bù jǐn bú màn de yǎng zhe tóu kàn zhe bié de fēng zheng
低，不紧不慢地仰着头看着别的风筝

fēi lóng yé ye jí de shǒu zhí fā dǒu yì shēng shēng zhí tàn
飞。龙爷爷急得手直发抖，一声声直叹

qì tā yù gǎn dào jīn tiān shì shū dìng le
气。他预感到今天是输定了。

jiù zài zhè shí hou yí zhèn wū yún cóng yuǎn fāng gǔn gǔn
就在这时候，一阵乌云从远方滚滚

ér lái yì shí fēng fēng yǔ yǔ tiān hūn dì àn léi diàn jiāo
而来，一时风风雨雨，天昏地暗，雷电交

jiā hú dié fēng zheng zài yí zhèn kuáng fēng li chì bǎng bèi sī
加，蝴蝶风筝在一阵狂风里，翅膀被撕

chéng le huā huā lǜ lǜ de suì piàn er mǎn tiān fēi yáng zhe
成了花花绿绿的碎片儿，满天飞扬着。

wú gōng fēng zheng zài shǎn diàn li duàn chéng le yì jié
蜈蚣风筝在闪电里，断成了一截

yì jié de yě sàn luò xià lái
一截的，也散落下来。

lǎo yīng fēng zheng suī rán zhēng zhá le hǎo yí zhèn zi zài
老鹰风筝虽然挣扎了好一阵子，在

bàn kōng zhōng fān le sān gè gēn tou zuì hòu hái shi yí gè dào
半空中翻了三个跟头，最后还是一个倒

zāi cōng diào le xià lái
栽葱掉了下来。

zhè shí hou tiān shàng zhǐ yǒu lóng fēng zheng le zhǐ jiàn
这时候，天上只有龙风筝了，只见

tā yíng zhe léi míng shǎn diàn dǐng zhe kuáng fēng bào yǔ zhí bèn
它迎着雷鸣闪电，顶着狂风暴雨，直奔

yún tiān léi shēng lóng lóng jiù xiàng qiāo zhe dà gǔ diàn guāng
云天。雷声隆隆，就像敲着大鼓；电光

shǎn shǎn jiù xiàng zhào zhe liàng er kuáng fēng gěi tā gǔ jìn
闪闪，就像照着亮儿。狂风给它鼓劲，

bào yǔ gěi tā jiā yóu lóng fēng zheng chuān yún pò wù yuè fēi
暴雨给它加油。龙风筝穿云破雾，越飞

越高。

龙爷爷越看越高兴，他激动得向着天空大声喊叫着：“好哇，好哇，我的龙

huó le huó le
活了，活了！”

suǒ yǒu de rén yě dōu yì qí jiào hǎn huó le huó
所有的人也都一齐叫喊：“活了！活
le
了！”

rén men de jiào hǎn shēng huān hū shēng gài guò le léi
人们的叫喊声、欢呼声，盖过了雷
shēng yǔ shēng
声、雨声。

lóng yé ye kāi huái dà xiào zhe dà shēng xiàng zhe lóng fēng
龙爷爷开怀大笑着，大声向着龙风
zheng jiào zhe hǎn zhe fēi ba fēi ba
筝叫着、喊着：“飞吧！飞吧！”

shuō zhe tā sōng kāi le shǒu zhōng de xiàn
说着，他松开了手中的线。

zhǐ jiàn lóng fēng zheng hún shēn shǎn shǎn fā guāng hū xiào
只见龙风筝浑身闪闪发光，呼啸
zhe biàn chéng le yì tiáo huó líng huó xiàn de zhēn lóng zài fēng
着，变成了一条活灵活现的真龙，在风
zhōng yǔ zhōng shàng xià fān gǔn zài yún li wù li lái huí chuān
中雨中上下翻滚，在云里雾里来回穿
suō
梭。

bú dà huì er fēng tíng le yǔ zhù le tiān kōng lán
不大会儿，风停了，雨住了。天空蓝
lán de yáng guāng liàng liàng de nà tiáo lóng xiàng zhe gèng gāo gèng
蓝的，阳光亮亮的。那条龙向着更高更
yuǎn de tiān wài fēi qù
远的天外飞去。

wū dǐng shang de xiǎo shù
屋顶上的小树

lǎo yé ye jiā de yuàn zi li zhǎng zhe yì kē shù
老爷爷家的院子里，长着一棵树。

lǎo yé ye jiā de wū dǐng shang yě zhǎng zhe yì kē shù
老爷爷家的屋顶上，也长着一棵树。

wū dǐng shang de shù zhàn de bǐ shéi dōu gāo tā jiù yǐ wéi zì jǐ shì zhè shì jiè shang zuì gāo de shù
屋顶上的树，站得比谁都高，它就以为自己是这世界上最高的树！

yǒu yì tiān xià yǔ le yǒu yì zhī xiǎo niǎo fēi guò wū dǐng kàn jiàn le wū dǐng shang de nà kē xiǎo shù jiù luò zài shàng miàn xiǎng bì bi yǔ
有一天，下雨了。有一只小鸟飞过屋顶，看见了屋顶上的那棵小树，就落在上面想避避雨。

xiǎo shù niǔ niu shēn zi shuō gàn má zài wǒ zhè er bì yǔ ya kàn nǐ mǎn shēn dōu shì ní bǎ wǒ nòng zāng le zěn me bàn
小树扭扭身子说："干吗在我这儿避雨呀！看你满身都是泥，把我弄脏了怎么办。"

shuō zhe tā jiù bǎ xiǎo niǎo gǎn pǎo le
说着，它就把小鸟赶跑了。

yuàn zi li de nà kē shù qiāo qiāo de zhǎng a zhǎng a
院子里的那棵树悄悄地长啊长啊，

都长到房檐那么高了。它看见了屋顶上的那棵小树，很有礼貌地说：“小树，我看见你了，你原来是长在屋顶上的树呀！”

小树很不高兴，扭扭身子说：“那又怎样，反正我比你高！”

院子里的那棵树什么话也没说，还是悄悄地长啊长啊，都赶上屋顶上的那棵树了。

夏天快来了，常常下雨。老爷爷的屋顶漏雨了。他请人来修理屋顶。

有人发现了屋顶上长着一棵小树，

jiù qí guài de shuō zhēn méi jiàn guo wū dǐng shang hái néng zhǎng
就奇怪地说："真没见过屋顶上还能长
shù tā yǒng yuǎn yě zhǎng bú dà bá diào suàn le
树！它永远也长不大，拔掉算了！"

xiǎo shù tīng le xià de zhí duō suo
小树听了，吓得直哆嗦。

lǎo yé ye tīng le máng shuō děng deng děng deng
老爷爷听了，忙说："等等，等等。
ràng wǒ lái ràng wǒ lái
让我来，让我来。"

shuō wán tā jiù shàng le wū dǐng qīng qīng de cóng wǎ
说完，他就上了屋顶，轻轻地从瓦
fèng li bǎ xiǎo shù lián gēn dài tǔ chǎn qǐ lái
缝里把小树连根带土铲起来。

lǎo yé ye bǎ xiǎo shù yí zāi dào yuàn zi li xiàn
老爷爷把小树移栽到院子里。现
zài tā yě shì yì kē zhǎng zài dì shang de shù le
在，它也是一棵长在地上的树了。

tā suī rán hái hěn ǎi xiǎo kě shì tā tiān tiān dōu zài
它虽然还很矮小，可是，它天天都在
zhǎng gāo zhǎng gāo
长高，长高。

tā pàn wàng zhe néng gǎn shàng shēn biān de nà kē shù
它盼望着能赶上身边的那棵树。

tā hái pàn wàng zhe nà zhī bèi tā gǎn pǎo le de xiǎo
它还盼望着那只被它赶跑了的小
niǎo néng zài fēi huí lái bì yǔ tā yǒu xǔ duō huà xiǎng gēn
鸟，能再飞回来避雨，它有许多话想跟
xiǎo niǎo shuō
小鸟说……

sān piàn xiǎo huā bàn er

三片小花瓣儿

yǒu yì zhī xiǎo mǎ yǐ cóng yí dà zǎo jiù wǎng jiā li
有一只小蚂蚁，从一大早就往家里
yùn liáng shi
运粮食。

dì yī tàng yùn le yí lì miàn bāo zhā er gāng yùn
第一趟，运了一粒面包渣儿，刚运
jìn dòng li jiù chū lái yùn dì èr tàng
进洞里，就出来运第二趟。

dì èr tàng yùn le yì zhī xiǎo jiǎ chóng yǐ jīng sǐ
第二趟，运了一只小甲虫，已经死
le xiǎo jiǎ chóng gè tóu bǐ xiǎo mǎ yǐ hái dà xiǎo mǎ yǐ
了。小甲虫个头比小蚂蚁还大，小蚂蚁
lián lā dài zhuài hái shi yùn huí qù le
连拉带拽，还是运回去了。

dì sān tàng yùn de shì yì tiáo ruǎn hū hū de máo mao
第三趟，运的是一条软乎乎的毛毛
chóng bú dàn shēn zi dà hái shi huó de zhè huí kě má fan
虫，不但身子大，还是活的。这回可麻烦
le xiǎo mǎ yǐ gāng yì diāo tā tā jiù bǎ shēn zi yì tǐng
了，小蚂蚁刚一叼它，它就把身子一挺，
bǎ xiǎo mǎ yǐ tán chū le hǎo yuǎn hǎo yuǎn xiǎo mǎ yǐ bù gān
把小蚂蚁弹出了好远好远。小蚂蚁不甘
xīn yòu qù diāo tā máo mao chóng yě bù hǎo rě tā yòu
心，又去叼它。毛毛虫也不好惹，它又
yì tǐng bǎ xiǎo mǎ yǐ tán dào yí kuài shí tou shang shuāi yūn
一挺，把小蚂蚁弹到一块石头上，摔晕

le guò qù
了过去。

xiǎo mǎ yǐ xǐng guò lái tǎng zài shí tou shang dòng yě
小蚂蚁醒过来，躺在石头上，动也
bù néng dòng le
不能动了。

zhèng wǔ de yáng guāng kǎo zhe tā hǎo rè ya yǎn kàn
正午的阳光烤着它，好热呀，眼看
zhe jiù yào bèi kǎo sǐ le
着就要被烤死了。

lí shí tou bù yuǎn chù yǒu yì kē shù shù shang kāi
离石头不远处，有一棵树，树上开
mǎn le huā yǒu yí piàn xiǎo huā bàn er kàn jiàn xiǎo mǎ yǐ
满了花。有一片小花瓣儿，看见小蚂蚁
kuài bèi shài sǐ le jiù chéng zhe yí zhèn wēi fēng piāo xià lái
快被晒死了，就乘着一阵微风飘下来，
luò zài le xiǎo mǎ yǐ de shēn shang
落在了小蚂蚁的身上。

fěn hóng sè de huā bàn er gěi xiǎo mǎ yǐ dā qǐ le
粉红色的花瓣儿，给小蚂蚁搭起了

xiǎo liáng péng xiǎo mǎ yǐ màn màn xǐng guò lái le kě shì tā
小凉棚。小蚂蚁慢慢醒过来了，可是，它
yì diǎn jìn er yě méi yǒu dòng dong shēn zi tàn kǒu qì shuō
一点劲儿也没有，动动身子，叹口气说：
kě jí le kě jí le
“渴极了，渴极了。”

zhè shí hou yòu yǒu yí piàn xiǎo huā bàn er piāo xià lái
这时候，又有一片小花瓣儿飘下来，
duì xiǎo mǎ yǐ shuō nǐ qīng qīng yǎo wǒ yì xiǎo kǒu jiù néng
对小蚂蚁说：“你轻轻咬我一小口，就能
hē dào wǒ yòu xiāng yòu tián de shuǐ le
喝到我又香又甜的水了。”

xiǎo mǎ yǐ wèn nà nǐ bù téng ma
小蚂蚁问：“那你不疼吗？”

xiǎo huā bàn shuō wǒ bù pà wǒ yuàn gěi nǐ hē tián
小花瓣说：“我不怕，我愿给你喝甜
tián de shuǐ
甜的水。”

xiǎo mǎ yǐ qīng qīng de yǎo le yì kǒu guǒ rán hē dào
小蚂蚁轻轻地咬了一口，果然喝到
le yòu xiāng yòu tián de shuǐ tā màn màn zhàn qǐ lái zǒu le
了又香又甜的水。它慢慢站起来，走了
jǐ bù gǎn jué tuǐ fā ruǎn yòu tǎng xià le
几步，感觉腿发软，又躺下了。

zhè shí hou dì sān piàn xiǎo huā bàn er yòu piāo luò xià
这时候，第三片小花瓣儿又飘落下
lái tā shuō xiǎo mǎ yǐ nǐ è le ba lái wǒ xiàng
来，它说：“小蚂蚁，你饿了吧，来，我像
miàn bāo yí yàng hǎo chī nǐ chī jǐ kǒu jiù yǒu jìn er le
面包一样好吃，你吃几口就有劲儿了。”

xiǎo mǎ yǐ gǎn jǐn shuō bù bù wǒ bǎ nǐ chī
小蚂蚁赶紧说：“不，不，我把你吃

了，你怎么办呀？”

小花瓣儿说：“我从大树上落下来，就是来帮助你的呀！”

小蚂蚁轻轻地吃了一口，问小花瓣儿：“你，你很疼吧？”

小花瓣儿扭扭身子，一跳、两跳、三跳，啊，变成一块小小的、圆圆的小饼干了。

小饼干说：“我变成小饼干了，你快吃吧，快吃吧！”

小蚂蚁很香很香地吃着。不知为什么，小蚂蚁一边吃一边流下了眼泪：“谢谢你，小饼干，谢谢你，小花瓣儿。”

小蚂蚁吃饱了，身上有劲儿了，一边往家走，一边回头望着那棵树上盛开的花朵。

yān zhi hú pàn de nuǎn shí
胭脂湖畔的暖石

duō nián yǐ qián zài yuǎn shān suí zhe cǎi shí chǎng de
多年以前，在远山，随着采石场的
yì shēng pào xiǎng wú shù kuài jù dà de shí tou tuō lí le dà
一声炮响，无数块巨大的石头脱离了大
shān nà yí kuài kuài shí tou yǒu de jià le qiáo yǒu de pū
山。那一块块石头，有的架了桥，有的铺
le lù hái yǒu de jiàn chéng le gāo lóu dà shà qí zhōng yǒu
了路，还有的建成了高楼大厦。其中有
yí kuài bèi ān zhì zài hú biān yí miàn dǐ dǎng zhe hú shuǐ màn
一块被安置在湖边，一面抵挡着湖水漫
chū lái yí miàn yě chéng le rén men xiǎo qì de dì fang
出来，一面也成了人们小憩的地方。

měi tiān yì zǎo zǒng yǒu yí wèi lǎo nǎi nai lái dào hú
每天一早，总有一位老奶奶来到湖
biān tā bǎ yí kuài lán yìn huā bù zuò chéng de mián diàn zi pū
边，她把一块蓝印花布做成的棉垫子铺
zài shí tou shang rán hòu jiù zuò zài nà er wàng zhe tài yáng cóng
在石头上，然后就坐在那儿望着太阳从
duì miàn shēng qǐ lái
对面升起来。

rì jiǔ tiān cháng měi dāng lǎo nǎi nai zuò zài nà er
日久天长，每当老奶奶坐在那儿，
tā zǒng huì tīng dào yì zhǒng xiàng shān gǔ li chuán lái de shēng
她总会听到一种像山谷里传来的声
yīn lǎo nǎi nai nín zǎo
音：“老奶奶，您早！”

yì kāi shǐ tā hái bù zhī dào nà shēng yīn shì cóng nǎ
一开始，她还不知道那声音是从哪
lǐ chuán lái de jiàn jiàn de tā fā xiàn shēng yīn yuán lái jiù
里传来的，渐渐地，她发现声音原来就
shì shēn biān de zhè kuài shí tou fā chū lái de
是身边的这块石头发出来的。

tā jì de hěn qīng chu tā nián qīng de shí hou cháng
她记得很清楚，她年轻的时候，常
hé tā de nán yǒu lái zhè lǐ wàng zhe shuǐ miàn de zhāo yáng
和她的男友来这里，望着水面的朝阳，
bō guāng shǎn shǎn tā de nán yǒu zǒng shì zhǐ zhe hú shuǐ shuō
波光闪闪。她的男友总是指着湖水说：
nǐ kàn zhè hú shuǐ xiàng cā le yān zhi jiù xiàng nǐ měi lì
“你看，这湖水像擦了胭脂，就像你美丽
de liǎn
的脸。”

cóng nà yǐ hòu tā men jiù bǎ zhè hú jiào zuò yān zhi
从那以后，他们就把这湖叫作“胭脂
hú le
湖”了。

suì yuè liú shì rén yě lǎo le xiàn zài zhǐ shèng xià
岁月流逝，人也老了。现在只剩下
lǎo nǎi nai yí gè rén le dàn shì tā yí gè rén hái shi
老奶奶一个人了。但是，她一个人还是
cháng cháng zuò zài hú biān de shí tou shang wàng zhe yān zhi hú
常常坐在湖边的石头上，望着胭脂湖，
huí yì zhe qīng chūn suì yuè yě jiù shì zài zhè ge shí hou
回忆着青春岁月。也就是在这个时候，
nà kuài shí tou kāi shǐ hé tā dǎ zhāo hu le
那块石头开始和她打招呼了。

wǒ dì yī cì lái zhè lǐ hǎo xiàng shì zǎo chūn tiān
“我第一次来这里，好像是早春天
qì lǎo nǎi nai xiàng zì yán zì yǔ yòu xiàng duì shí tou shuō
气。”老奶奶像自言自语，又像对石头说
huà
话。

shì sān yuè shí èr rì shí tou kāi shǐ hé lǎo nǎi
“是三月十二日。”石头开始和老奶
nai tán tiān wǒ jì de cóng nà tiān kāi shǐ nǐ men jiù bǎ
奶谈天，“我记得从那天开始，你们就把
zhè hú jiào zuò yān zhi hú le
这湖叫作‘胭脂湖’了。”

lǎo nǎi nai diǎn dian tóu tā bǎ shǒu fàng zài shí tou shang
老奶奶点点头，她把手放在石头上，
tā gǎn dào le shí tou de wēn nuǎn jiù xiàng tā xiǎo shí hou shuì
她感到了石头的温暖，就像她小时候睡
guo de nuǎn kàng
过的暖炕。

xiàn zài hái shi zǎo chūn tiān qì zhà nuǎn huán hán hú
现在还是早春天气，乍暖还寒，湖
biān de chuí liǔ gāng gāng zhàn chū lù bāo mì fēng hái méi chū
边的垂柳，刚刚绽出绿苞，蜜蜂还没出
cháo hú dié hái méi yǔ huà
巢，蝴蝶还没羽化。

dàn shì lǎo nǎi nai zài zhè wēn nuǎn de shí tou shang kàn
但是，老奶奶在这温暖的石头上，看
jiàn le yì zhī hóng sè de xiǎo jiǎ chóng
见了一只红色的小甲虫！

xiǎo jiǎ chóng yán zhe shí tou shang de wén lù pá zhe lǎo
小甲虫沿着石头上的纹路爬着。老
nǎi nai hěn yǒu xìng qù de kàn zhe kàn zhe kàn zhe qíng bù zì
奶奶很有兴趣地看着，看着看着，情不自
jīn de xiào le tā xiǎng qǐ xiǎo shí hou yǒu yí cì wèi kàn
禁地笑了，她想起小时候，有一次为看
xiǎo jiǎ chóng jìng wàng jì huí jiā chī fàn le
小甲虫，竟忘记回家吃饭了。

bù zhī shén me shí hou yí gè xiǎo gū niang qiāo qiāo lái
不知什么时候，一个小姑娘悄悄来
dào lǎo nǎi nai shēn biān tā pā zài zhè shí tou shang lǎo nǎi
到老奶奶身边，她趴在这石头上："老奶
nai zhè kuài shí tou zhēn nuǎn huo xiàng wǒ lǎo lao de nuǎn shuǐ
奶，这块石头真暖和，像我姥姥的暖水
dài shuō zhe tā hái bǎ liǎn tiē zài shí tou shang
袋。"说着，她还把脸贴在石头上。

hū rán tā fā xiàn le nà zhī hóng sè de xiǎo jiǎ chóng
忽然，她发现了那只红色的小甲虫，
tā yòu dà yòu hēi de yǎn jing shǎn zhe guāng zhè shí tou shì xiǎo
她又大又黑的眼睛闪着光："这石头是小
jiǎ chóng de jiā ma
甲虫的家吗？"

"这石头也是我的家。"老奶奶说。

小姑娘听了，觉得很奇怪："您住在这石头里吗？"

老奶奶不知道该怎样回答她，那块石头先"咯咯"地笑了。

小姑娘以为是老奶奶在笑，她抬起头来看看，老奶奶没笑哇，她也在专注地欣赏着那只小甲虫。

"你听，这石头都在笑你了。"老奶奶说。

"我不信。石头是不会笑的。"

就在这时候，石头说话了："谁说我不会笑哇，我一高兴就会笑起来。"

那石头一边笑，一边展现出美丽的花纹，有青山绿水，有小桥，还有一间草房子。

zài kàn kan nà zhī xiǎo jiǎ chóng zhèng xiàng zhe cǎo fáng zi
再看看那只小甲虫，正向着草房子
pá qù
爬去。

xiǎo jiǎ chóng zhù zài zhè cǎo fáng zi lǐ ma xiǎo gū
“小甲虫住在这草房子里吗？”小姑
niang yǎng qǐ liǎn lái wèn lǎo nǎi nai
娘仰起脸来问老奶奶。

wǒ cāi tā měi tiān tiān hēi le jiù huì huí zhè cǎo fáng
“我猜它每天天黑了，就会回这草房
zi li shuì jiào lǎo nǎi nai huí dá de hěn rèn zhēn
子里睡觉。”老奶奶回答得很认真。

zhè yì lǎo yí shào jiù zhè yàng hěn yǒu xìng zhì de xīn shǎng
这一老一少就这样很有兴致地欣赏
zhe zhè shí tou shang de huā wén hé nà zhī xiǎo jiǎ chóng
着这石头上的花纹和那只小甲虫。

nà shí tou wèi le ràng tā men kuài lè yě zài bú duàn
那石头为了让她们快乐，也在不断
de biàn huàn zhe měi lì de tú huà yí huì er biàn chéng yì kē
地变幻着美丽的图画：一会儿变成一棵
gāo gāo de lǜ shù ràng xiǎo jiǎ chóng qù pá shù yí huì er
高高的绿树，让小甲虫去爬树；一会儿
yòu biàn chéng yì duǒ piāo piāo de bái yún ràng xiǎo jiǎ chóng shuì zài
又变成一朵飘飘的白云，让小甲虫睡在
bái yún li
白云里。

lǎo nǎi nai gāo xìng de xiàng gè hái zi xiǎo gū niang gèng
老奶奶高兴得像个孩子，小姑娘更
shì gāo xìng de shǒu wǔ zú dǎo nà kuài wēn nuǎn de shí tou yě
是高兴得手舞足蹈。那块温暖的石头也
hé tā men yǒu shuo yǒu xiào de tā bú duàn de biàn huàn zhe huà
和她们有说有笑的。它不断地变幻着画

miàn měi yì fú huà miàn dōu ràng lǎo nǎi nai hé xiǎo gū niang cāi
面，每一幅画面都让老奶奶和小姑娘猜
ge bù tíng shuō ge bù tíng
个不停，说个不停。

zhè yì lǎo yí shào hǎo xiàng cháng yáng zài qīng shān lǜ shuǐ
这一老一少好像徜徉在青山绿水
zhī jiān tā men hái gǎn jué dào hǎo xiàng shǒu qiān zhe shǒu zǒu
之间。她们还感觉到，好像手牵着手走
jìn le nà jiān máo cǎo fáng dào xiǎo jiǎ chóng jiā zuò kè
进了那间茅草房，到小甲虫家做客。

bù zhī bù jué jiān xī yáng xī xià shí tou tí xǐng
不知不觉间，夕阳西下。石头提醒
tā men shuō tiān kuài hēi le gāi huí jiā le
她们说："天快黑了，该回家了。"

zhēn de xī tiān li hái shèng xià zuì hòu yì mǒ wǎn xiá
真的，西天里还剩下最后一抹晚霞。

lǎo nǎi nai shuō shì ya gāi huí jiā le bié ràng bà ba
老奶奶说："是呀，该回家了，别让爸爸
mā ma guà niàn nǐ
妈妈挂念你。"

míng tiān hái lái ma lǎo nǎi nai xiǎo gū niang yī
"明天还来吗，老奶奶？"小姑娘依
yī bù shě de wèn
依不舍地问。

dāng rán lái ya wǒ měi tiān zǎo chen lái kàn zhāo xiá
"当然来呀！我每天早晨来看朝霞，
bàng wǎn lái kàn wǎn xiá
傍晚来看晚霞。"

tā men zhàn qǐ lái xiǎo gū niang bāng zhù lǎo nǎi nai shōu qǐ
她们站起来，小姑娘帮助老奶奶收起
tā de lán yìn huā bù zuò diàn dāng tā ná qǐ diàn zi shí
她的蓝印花布坐垫。当她拿起垫子时，
tā kàn jiàn nà zhī xiǎo jiǎ chóng zhèng zài diàn zi xià xiū xi
她看见那只小甲虫正在垫子下休息。

lǎo nǎi nai shuō bù ná le jiù fàng zài shí tou
老奶奶说："不拿了，就放在石头
shang zuò xiǎo jiǎ chóng de bèi zi ba
上，做小甲虫的被子吧！"

nà huì bèi rén ná zǒu de xiǎo gū niang yǒu xiē bú
"那会被人拿走的。"小姑娘有些不
fàng xīn
放心。

bú huì de zhè huí shì shí tou zài shuō huà tiān
"不会的。"这回是石头在说话，"天
hēi le bú huì yǒu rén lái le
黑了，不会有人来了。"

nà míng tiān yì zǎo jiù huì yǒu rén lái de xiǎo gū
"那明天一早就会有人来的。"小姑

niang réng rán hěn bú fàng xīn
娘仍然很不放心。

dà jiā dōu zhī dào lǎo nǎi nai měi tiān zǎo chen zuò zài
“大家都知道老奶奶每天早晨坐在
zhè er tā de mián diàn zi shéi yě bú huì ná de shí tou
这儿，她的棉垫子谁也不会拿的。”石头
hěn kěn dìng de shuō
很肯定地说。

lǎo nǎi nai diǎn dian tóu xiǎo gū niang chóng xīn bǎ mián
老奶奶点点头。小姑娘重新把棉
diàn zi pū hǎo xiǎo jiǎ chóng zuān le jìn qù
垫子铺好，小甲虫钻了进去。

lǎo nǎi nai lā zhe xiǎo gū niang de shǒu zǒu le lǎo nǎi
老奶奶拉着小姑娘的手走了。老奶
nai yào bǎ tā sòng huí jiā cái fàng xīn xiǎo gū niang shuō tā
奶要把她送回家才放心。小姑娘说，她
de jiā jiù zài zhè hú biān bù yuǎn de dì fang tā zhǐ le zhǐ
的家就在这湖边不远的地方。她指了指
qián miàn shù lín li de yì pái fáng zi
前面树林里的一排房子。

lù shang xiǎo gū niang tíng xià jiǎo bù yǎng qǐ liǎn lái
路上，小姑娘停下脚步，仰起脸来
wèn lǎo nǎi nai nà shí tou zěn me huì shuō huà ne
问老奶奶：“那石头怎么会说话呢？”

lǎo nǎi nai shuō wǒ zhèng xiǎng wèn nǐ ne
老奶奶说：“我正想问你呢！”

xiǎo gū niang hěn gāo xìng duì yú zhè yàng qí guài de wèn
小姑娘很高兴。对于这样奇怪的问
tí dà ren shì bù zhī dào de tā men cháng cháng wèn hái zi
题，大人是不知道的，他们常常问孩子。

wǒ cāi ya nín lǎo ài yí gè rén zuò zài nà er
“我猜呀，您老爱一个人坐在那儿，

shí tou pà nín jì mò jiù gēn nín shuō qǐ huà lái le duì
石头怕您寂寞，就跟您说起话来了。对
bú duì xiǎo gū niang duì zì jǐ de dá àn hěn dé yì
不对？”小姑娘对自己的答案很得意。

xiǎo gū niang nǐ zhēn cōng míng lǎo nǎi nai yòng lì
“小姑娘，你真聪明。”老奶奶用力
wò le wò tā de shǒu
握了握她的手。

tā men yòu huí tóu wàng le wàng cǐ kè bú dàn hú shuǐ
她们又回头望了望，此刻不但湖水
tú shàng le yān zhi sè lián nà kuài wēn nuǎn de shí tou yě shǎn
涂上了胭脂色，连那块温暖的石头也闪
xiàn zhe wǎn xiá de guāng cǎi
现着晚霞的光彩。

hóng qì qiú
红气球

yí zhèn fēng bǎ yì zhī hóng qì qiú chuī qǐ lái le
一阵风把一只红气球吹起来了。

tā fēi ya fēi ya guà zài shù zhī shang bú dòng le
他飞呀飞呀，挂在树枝上——不动了。

hóng qì qiú kàn kan shēn biān de shù zhī guāng tū tū de méi yǒu guǒ shí méi yǒu huā duǒ lián yí piàn yè zi dōu méi yǒu
红气球看看身边的树枝，光秃秃的，没有果实，没有花朵，连一片叶子都没有。

méi rén gēn hóng qì qiú wán er tā hěn jì mò tā xiǎng kū
没人跟红气球玩儿。他很寂寞，他想哭。

hū rán tā tīng jiàn yí gè xì xiǎo de shēng yīn zài wèn nǐ shì shéi ya
忽然，他听见一个细小的声音在问：“你是谁呀？”

hóng qì qiú zhè cái fā xiàn jiù zài tā shēn biān de shù zhī shang yǒu yí gè xiǎo xiǎo de niǎo wō niǎo wō li zhù zhe yì zhī xiǎo niǎo xiǎo niǎo de yǔ máo hái méi yǒu zhǎng quán ne
红气球这才发现，就在他身边的树枝上，有一个小小的鸟窝。鸟窝里住着一只小鸟，小鸟的羽毛还没有长全呢。

hóng qì qiú huí dá shuō wǒ shì hóng qì qiú a
红气球回答说：“我是红气球啊！”

xiǎo niǎo yòu wèn hóng qì qiú shì shén me ya
小鸟又问：“红气球是什么呀？”

hóng qì qiú huí dá shuō jiù shì hóng yán sè huì fēi de qì qiú bei
红气球回答说：“就是红颜色会飞的气球呗！”

xiǎo niǎo yòu wèn nà nǐ xiàn zài zěn me bù fēi ne
小鸟又问：“那你现在怎么不飞呢？”

hóng qì qiú nán guò de huí dá shuō wǒ de xiàn er guà zài shù zhī shang fēi bú dòng le
红气球难过地回答说：“我的线儿挂在树枝上，飞不动了。”

xiǎo niǎo yì tīng hěn gāo xìng nà zhèng hǎo nǐ jiù péi wǒ wán er ba wǒ hái bú huì fēi li
小鸟一听，很高兴：“那正好。你就陪我玩儿吧，我还不会飞哩！”

hóng qì qiú zhǐ hǎo bù qíng yuàn de diǎn dian tóu
红气球只好不情愿地点点头。

zhèng zài zhè shí hou niǎo mā ma niǎo bà ba fēi huí lái le tā men diāo huí lái le xiǎo chóng zi wèi tā men de xiǎo niǎo chī
正在这时候，鸟妈妈、鸟爸爸飞回来了。他们叼回来了小虫子，喂他们的小鸟吃。

niǎo mā ma shuō hǎo hǎo chī fàn cái néng zhǎng dà
鸟妈妈说：“好好吃饭，才能长大。”

niǎo bà ba shuō zhǎng dà le cái huì fēi

鸟爸爸说："长大了，才会飞。"

hóng qì qiú zài páng biān yě gēn zhe shuō duì zhǎng dà le cái huì fēi

红气球在旁边也跟着说："对，长大了，才会飞。"

niǎo mā ma fā xiàn le hóng qì qiú jiù hěn yǒu lǐ mào de wèn qǐng wèn nín shì wǒ men de kè rén ma

鸟妈妈发现了红气球，就很有礼貌地问："请问，您是我们的客人吗？"

bù děng hóng qì qiú huí dá xiǎo niǎo jiù qiǎng zhe shuō

不等红气球回答，小鸟就抢着说：

tā bú shì kè rén tā shì wǒ de hǎo péng you rán hòu
“他不是客人，他是我的好朋友。”然后
tā yòu zhuǎn guò tóu wèn hóng qì qiú nǐ shuō duì ma
他又转过头问红气球，“你说，对吗？”

hóng qì qiú guà zài shù shang běn lái hěn shāng xīn xiàn zài
红气球挂在树上本来很伤心，现在
zuò le xiǎo niǎo de péng you tā hěn gāo xìng
做了小鸟的朋友，他很高兴。

cóng zhè tiān kāi shǐ hóng qì qiú jiù tiān tiān péi zhe xiǎo
从这天开始，红气球就天天陪着小
niǎo
鸟。

tiān hēi le hóng qì qiú xiàng yì zhǎn yuán yuán de dēng
天黑了，红气球像一盏圆圆的灯
long xuán guà zài niǎo wō páng
笼，悬挂在鸟窝旁。

tiān liàng le hóng qì qiú xiàng yì lún yuán yuán de tài
天亮了，红气球像一轮圆圆的太
yáng zhào yào zhe niǎo wō
阳，照耀着鸟窝。

guā fēng tiān xià yǔ tiān dōu yǒu hóng qì qiú péi bàn zhe
刮风天，下雨天，都有红气球陪伴着
xiǎo niǎo
小鸟。

xiǎo niǎo kāi shǐ xué fēi le hóng qì qiú jiù wèi tā dāng
小鸟开始学飞了，红气球就为他当
lā lā duì
啦啦队：

jiā yóu jiā yóu fēi ya fēi
加油，加油，飞呀飞！

jiā yóu jiā yóu fēi ya fēi
加油，加油，飞呀飞！

hóng qì qiú měi hǎn yì shēng tā de qì jiù xiāo shī yì
红气球每喊一声，他的气就消失一
xiē jiàn jiàn de jiàn jiàn de tā yuè lái yuè xiǎo yuè lái
些，渐渐地、渐渐地，他越来越小，越来
yuè biě le
越瘪了。

zhè yì tiān xiǎo niǎo zhēn de huì fēi le
这一天，小鸟真的会飞了——

tā fēi chū le niǎo wō
他飞出了鸟窝，

fēi guò le shù shāo
飞过了树梢，

fēi shàng le lán tiān
飞上了蓝天。

hóng qì qiú gāo xìng de tiào qǐ lái le tā duō me xiǎng
红气球高兴得跳起来了。他多么想
hé xiǎo niǎo yì qǐ fēi ya kě shì tā zài yě fēi bù qǐ
和小鸟一起飞呀！可是，他再也飞不起
lái le
来了。

hóng qì qiú wàng zhe xiǎo niǎo fēi jìn le bái yún tā hěn
红气球望着小鸟飞进了白云，他很
bēi shāng yě hěn kuài lè
悲伤，也很快乐。

chuāng wài piāo jìn yì duǒ yún
窗外飘进一朵云

yǒu yì zhī xiǎo bái tù, jiào tù róng róng. bié kàn tā
有一只小白兔，叫兔荣荣。别看他
gè zi bú dà, sǎng mén kě hěn dà. měi tiān zǎo chen, tā
个子不大，嗓门可很大。每天早晨，他
gāng qǐ chuáng, jiù dà shēng jiào hǎn: "kuài gěi wǒ dié bèi zi
刚起床，就大声叫喊："快给我叠被子
ya!" tā yì rǎng, tù mā ma jiù děi gǎn jǐn gěi tā dié
呀！"他一嚷，兔妈妈就得赶紧给他叠
bèi.
被。

gāng dié wán bèi zi, yòu tīng jiàn tā zài dà shēng jiào:
刚叠完被子，又听见他在大声叫：
"kuài gěi wǒ xǐ liǎn ya!" tā yì rǎng tù mā ma gǎn jǐn gěi
"快给我洗脸呀！"他一嚷兔妈妈赶紧给
tā xǐ liǎn.
他洗脸。

zhè yì tiān, tù róng róng gāng gāng xǐng lái, lài zài chuáng
这一天，兔荣荣刚刚醒来，赖在床
shang yě bù qǐ, yòu tīng tā zài dà hǎn dà jiào: "wǒ yào chī
上也不起，又听他在大喊大叫："我要吃
táng, wǒ yào chī táng!"
糖，我要吃糖！"

tù mā ma gěi tā ná lái le táng, tā yí kàn, yòu rǎng
兔妈妈给他拿来了糖，他一看，又嚷
qǐ lái: "wǒ yào chī mián huā táng, wǒ yào chī mián huā táng!"
起来："我要吃棉花糖，我要吃棉花糖！"

zhè yì huí tù mā ma kě wéi nán le jiā li méi yǒu
这一回，兔妈妈可为难了，家里没有
mián huā táng ya
棉花糖呀！

nǐ qù mǎi nǐ qù mǎi tā yòu rǎng qǐ lái
“你去买，你去买！”他又嚷起来
le
了。

tù mā ma tàn kǒu qì zhǐ hǎo qù shāng diàn gěi tā mǎi
兔妈妈叹口气，只好去商店给他买
mián huā táng
棉花糖。

tù mā ma zǒu le jiù shèng xià tù róng róng zì jǐ
兔妈妈走了，就剩下兔荣荣自己
le tǎng zài chuáng shang méi shì gàn duō méi qù ya
了，躺在床上没事干，多没趣呀！

jiù zài zhè shí hou cóng chuāng wài piāo jìn yì duǒ yún
就在这时候，从窗外飘进一朵云。

nà duǒ yún bái bái de ruǎn ruǎn de piāo jìn lái
那朵云，白白的，软软的。飘进来
yǐ hòu màn màn biàn dà le biàn dà le biàn de sì sì fāng
以后，慢慢变大了，变大了，变得四四方
fāng hǎo xiàng yì chuáng mián bèi zi
方，好像一床棉被子。

tù róng róng xīn lǐ xiǎng zhè bèi zi gài zài shēn shang
兔荣荣心里想，这被子盖在身上，
yí dìng yòu sōng yòu ruǎn yòu nuǎn huo tù róng róng xiǎng bǎ tā chě
一定又松又软又暖和。兔荣荣想把它扯
guò lái gài zài shēn shang
过来盖在身上。

bái yún bèi zi yì fēi jiù fēi dào wū dǐng shang le
白云被子一飞，就飞到屋顶上了，

它说："我可不愿意让你盖。你连被子都不会叠。瞧你那被子皱巴巴的，多难看！"

兔荣荣不好意思地说："我……我不会。没人教我嘛！"

这时候，白云被子轻轻落下来，盖在兔荣荣身上，对他说："我来教你叠被，好吗？"

兔荣荣一听，跳下床，开始学叠被。一会儿工夫就学会了。兔荣荣真高兴啊！

忽然，他又想起来，今天还没洗脸呢！可是，往常洗脸，也是妈妈给他洗呀。今天，他要自己洗。

他刚这么一想，那白云被子就慢慢变小了，变小了，变成了一条白毛巾，对兔荣荣说：“我来教你洗脸，好吗？”

兔荣荣拿起白云毛巾学洗脸，洗呀洗呀，洗得干净极了。

这时候，兔妈妈回来了。兔荣荣跳到妈妈跟前说：“妈妈，妈妈，你看，我自己叠的被，自己洗的脸，好不好？”

兔妈妈简直不相信自己的眼睛，就问他：“是真的吗？”

tù róng róng jǔ zhe shǒu li de bái máo jīn gào su tā
兔荣荣举着手里的白毛巾，告诉她：
gāng cóng chuāng wài piāo jìn yì duǒ yún yún biàn chéng bèi zi
“刚从窗外飘进一朵云。云变成被子，
jiāo wǒ dié bèi zi biàn chéng máo jīn yòu jiāo wǒ xǐ liǎn
教我叠被子；变成毛巾，又教我洗脸。”

tù mā ma bǎ tù róng róng lǒu zài huái li zhí kuā tā
兔妈妈把兔荣荣搂在怀里，直夸他
guāi
乖。

tù róng róng hū rán xiǎng qǐ yí jiàn shì jiù wèn mā ma
兔荣荣忽然想起一件事，就问妈妈：
mā ma nǐ gěi wǒ mǎi de mián huā táng ne
“妈妈，你给我买的棉花糖呢？”

tù mā ma shuō méi mǎi dào yǐ hòu jìn chéng zài
兔妈妈说：“没买到。以后进城再
gěi nǐ mǎi hǎo ma
给你买，好吗？”

tù róng róng yì tīng yòu dà shēng hǎn jiào wú yì zhōng
兔荣荣一听，又大声喊叫。无意中
tā kàn jiàn mā ma liǎn shang guà zhe hàn zhū tā zhī dào mā ma
他看见妈妈脸上挂着汗珠。他知道妈妈
wèi tā mǎi táng xīn kǔ le jiù gǎn máng bǎ bái yún máo jīn dì
为他买糖辛苦了，就赶忙把白云毛巾递
gěi mā ma cā hàn
给妈妈擦汗。

mā ma cā wán le hàn yòu bǎ máo jīn huán gěi tù róng
妈妈擦完了汗，又把毛巾还给兔荣
róng tù róng róng gāng jiē guò lái yā bái yún máo jīn biàn
荣。兔荣荣刚接过来，呀，白云毛巾变
chéng yí gè mián huā táng le
成一个棉花糖了！

tù róng róng shēn chū shé tou yì tiǎn zhēn tián tù róng
兔荣荣伸出舌头一舔，真甜，兔荣
róng dà kǒu dà kǒu chī qǐ lái
荣大口大口吃起来。

chī zhe chī zhe tù róng róng hǎo xiàng xiǎng qǐ le shén
吃着吃着，兔荣荣好像想起了什
me bù chī le tù mā ma gǎn dào hěn qí guài
么，不吃了。兔妈妈感到很奇怪。

tù róng róng shuō āi yā xìng kuī wǒ xiǎng qǐ lái
兔荣荣说：“哎呀，幸亏我想起来
le wǒ yào chī guāng le bái yún méi yǒu le hái zěn me biàn
了，我要吃光了，白云没有了，还怎么变
na
哪！”

shuō zhe tā bǎ zuì hòu yì xiǎo tuán mián huā táng wǎng kōng
说着，他把最后一小团棉花糖往空
zhōng yì pāo tā yòu biàn chéng yì duǒ bái yún le
中一抛，它又变成一朵白云了。

bái yún piāo ya piāo ya zài wū li fēi le yì quān màn
白云飘呀飘呀，在屋里飞了一圈，慢
màn de tā yòu piāo chū le chuāng kǒu
慢地，它又飘出了窗口。

tù róng róng wǒ míng tiān hái lái zhǎo nǐ wánr děng
“兔荣荣，我明天还来找你玩儿，等
zhe wǒ yuǎn yuǎn piāo zǒu de bái yún shuō
着我！”远远飘走的白云说。

tù mā ma hé tù róng róng zhàn zài chuāng qián xiàng zhe yuǎn
兔妈妈和兔荣荣站在窗前，向着远
qù de bái yún bú zhù zhāo shǒu
去的白云不住招手。

huā bàn er yú
花瓣儿鱼

chūn tiān lái le, táo huā kāi le, xìng huā kāi le, lí
春天来了，桃花开了，杏花开了，梨
huā kāi le
花开了。

yí zhèn wēi fēng chuī lái, chuī luò le táo huā, chuī luò le
一阵微风吹来，吹落了桃花，吹落了
xìng huā, chuī luò le lí huā. tā men chéng zhe fēng er fēi ya
杏花，吹落了梨花。它们乘着风儿飞呀
fēi ya, fēi xiàng yì tiáo qīng qīng liàng liàng de xiǎo xī
飞呀，飞向一条清清亮亮的小溪。

huā bàn er gāng yì zhān dào shuǐ miàn, pū leng, pū leng,
花瓣儿刚一沾到水面，扑棱，扑棱，
jiù biàn chéng le yì tiáo tiáo táo huā er yú、xìng huā er yú、
就变成了一条条桃花儿鱼、杏花儿鱼、
lí huā er yú
梨花儿鱼。

cóng zhè yǐ hòu, zhè tiáo xiǎo xī li, yòu duō le hǎo duō
从这以后，这条小溪里，又多了好多
hǎo duō huā bàn er yú
好多花瓣儿鱼。

huā bàn er yú bǐ xiǎo xī li de yú hái piào liang, yǒu
花瓣儿鱼比小溪里的鱼还漂亮，有
de shēn hóng, yǒu de fěn hóng, yǒu de xuě bái
的深红，有的粉红，有的雪白。

zì cóng xiǎo xī li yǒu le huā bàn er yú, xiǎo xī jiù
自从小溪里有了花瓣儿鱼，小溪就

biàn chéng yì tiáo cǎi sè de xiǎo xī le
变成一条彩色的小溪了。

huā bàn er yú bú dàn yán sè měi hái yǒu xiāng wèi er
花瓣儿鱼不但颜色美，还有香味儿。

zì cóng xiǎo xī li yǒu le huā bàn er yú xiǎo xī jiù biàn chéng yì tiáo xiāng pēn pēn de xiǎo xī le
自从小溪里有了花瓣儿鱼，小溪就变成一条香喷喷的小溪了。

hěn duō rén dōu zhī dào le xiǎo xī li yǒu huā bàn er yú jiù dài zhe yú wǎng hé diào yú gān lái bǔ yú le
很多人都知道了小溪里有花瓣儿鱼，就带着鱼网和钓鱼竿来捕鱼了。

kě shì tā men zhàn zài xiǎo xī biān kàn zhe huā bàn er yú yóu lái yóu qù hǎo xiàng shuǐ zhōng yóu dòng de huā duǒ wén zhe xī shuǐ li piāo sàn de huā xiāng shéi yě shě bu de bǔ zhuō tā men le
可是，他们站在小溪边，看着花瓣儿鱼游来游去，好像水中游动的花朵；闻着溪水里飘散的花香，谁也舍不得捕捉它们了。

jīng guò le xià tiān qiū tiān dōng tiān huā bàn er yú zài xiǎo xī li jiāo le hěn duō hǎo péng you shēng huó de hěn yú kuài
经过了夏天、秋天、冬天，花瓣儿鱼在小溪里交了很多好朋友，生活得很愉快。

chūn tiān yòu lái le huā cǎo shù mù yòu fā yá le dà dì lǜ le piāo sàn zhe yí zhèn zhèn xiāng wèi
春天又来了，花草树木又发芽了。大地绿了，飘散着一阵阵香味。

花瓣儿鱼很想念它们的树。是呀，离开那些桃树、杏树、梨树，都快一年了。

在一个下着小雨的早晨，花瓣儿鱼游出了水面，跳跳蹦蹦地上了岸，又乘着阵阵春风飞回到树上。

回到树上，它们又变成了桃花、杏花、梨花。

桃花开了，杏花开了，梨花开了。

人们都说，今年的桃花、杏花、梨花，开得真早，真香，真美呀！

木鱼声声

河岸边有一座山，山上有一座庙，庙里常常传出敲打木鱼的声音。

那声音真好听。“嘚嘚嘚”的声音像马蹄的响声，像青蛙的鼓叫，像蝈蝈在唱歌。

水中的世界很寂静。鱼儿从来是沉默的。

河里有一条小鱼，它很喜欢听敲打木鱼的声音。它浮出水面，仔细辨别那木鱼声是从什么地方传来的。

有一天，小鱼问妈妈：“那是谁在叫？”

妈妈告诉它说：“那是一种叫木鱼

de dōng xi
的东西。”

tā zhǎng de shén me yàng er ne xiǎo yú yòu wèn
“它长的什么样儿呢？”小鱼又问。

xiàng yuán yuán de yú mā ma huí dá tā
“像圆圆的鱼。”妈妈回答它。

xiǎo yú hái yǒu wèn tí tā zài jiào xiē shén me
小鱼还有问题：“它在叫些什么？”

wǒ tīng bù dǒng nà lǐ shì lìng yí gè shì jiè
“我听不懂。那里是另一个世界。”

mā ma wú fǎ huí dá hái zi yǒng yuǎn tí bù wán de wèn tí
妈妈无法回答孩子永远提不完的问题。

měi tiān cóng yuǎn shān de miào li chuán lái qiāo dǎ mù yú de shēng yīn
每天从远山的庙里传来敲打木鱼的声音。

yǒu yì tiān xiǎo yú màn màn yóu dào àn biān bǎ tóu fú chū shuǐ miàn qīng tīng zhe tā yuè fā xiǎng rèn shi nà hé zì jǐ yǒu zhe xiāng tóng míng zi de dōng xi tā méi yǒu xiàng mā ma gào bié jiù dú zì pá shàng hé àn
有一天，小鱼慢慢游到岸边，把头浮出水面倾听着。它越发想认识那和自己有着相同名字的东西。它没有向妈妈告别，就独自爬上河岸。

tā shì zhe hū xī le jǐ kǒu xīn xiān de kōng qì tā jué de zì jǐ huò dé le lìng yì zhǒng shēng mìng
它试着呼吸了几口新鲜的空气。它觉得自己获得了另一种生命。

tā jué de wài miàn de shì jiè bǐ shuǐ zhōng de shì jiè gèng duō cǎi gèng qiè yì
它觉得外面的世界比水中的世界更多彩，更惬意。

tā rú dòng zhe shēn qū jì xù wǎng qián pá pá dào àn
它蠕动着身躯继续往前爬，爬到岸
biān yì kē gāo gāo de shù shang
边一棵高高的树上。

tā yáo wàng zhe yuǎn shān zhōng yú kàn jiàn le nà zuò miào
它遥望着远山，终于看见了那座庙
yǔ jīn huáng de wū dǐng hóng wěi de fó diàn nà lǐ xiāng
宇：金黄的屋顶，宏伟的佛殿，那里香
yān niǎo niǎo qiāo dǎ mù yú de shēng yīn yě tīng de gèng zhēn
烟袅袅。敲打木鱼的声音，也听得更真
qiè le
切了。

tā jiù zài shù shang zhù xià le tā měi tiān qīng tīng zhe
它就在树上住下了。它每天倾听着
qiāo dǎ mù yú de shēng yīn tā hái tīng jiàn le bàn suí zhe mù
敲打木鱼的声音。它还听见了伴随着木
yú shēng de yīng yīng sòng chàng
鱼声的嘤嘤诵唱。

tā xiāng xìn zì jǐ jì rán kě yǐ lí kāi shuǐ de shì
它相信自己既然可以离开水的世
jiè yòu néng pān shàng shù jiù yí dìng kě yǐ biàn chéng lǜ
界，又能攀上树，就一定可以变成绿
yè huā duǒ guǒ shí
叶、花朵、果实。

tā xiāng xìn zì jǐ hái kě yǐ biàn chéng niǎo cóng shù shang
它相信自己还可以变成鸟，从树上
fēi xiàng yuǎn shān fēi xiàng miào yǔ qù xún zhǎo nà ge hé zì
飞向远山，飞向庙宇，去寻找那个和自
jǐ yǒu zhe xiāng tóng míng zi de mù yú
己有着相同名字的木鱼。

cóng cǐ yú bú zài xiǎng niàn shuǐ
从此，鱼不再想念水。

图书在版编目（CIP）数据

金波四季童话. 春天卷. 花瓣儿鱼：注音美绘版 / 金波著. — 上海：中国福利会出版社，2018.2
ISBN 978-7-5560-7014-5

Ⅰ.①金…　Ⅱ.①金…　Ⅲ.①童话—作品集—中国—当代　Ⅳ.①I287.8

中国版本图书馆CIP数据核字（2017）第276151号

金波四季童话·春天卷·花瓣儿鱼（注音美绘版）

作　　者：金　波
总 策 划：李旭东　周祥雄　柯尊文
执行策划：胡同印
责任编辑：胡同印　梅　倩
整体设计：李　郁
绘画单位：起点插画
封面绘画：郑　曦　王雪霏
内文绘画：刘婉娇　徐　星
排版制作：方　莹
责任校对：莫大伟
责任印制：顾　斌

出版发行：中国福利会出版社
业务电话：021-64373790
承 印 厂：湖北新华印务有限公司
经　　销：全国新华书店
印　　数：99001-119000
印　　张：7.5
印　　次：2018年2月第1版　2019年4月第10次印刷
规　　格：170毫米×212毫米
开　　本：16开
书　　号：ISBN 978-7-5560-7014-5
定　　价：25.00元